Unsere Feste im KINDERGARTEN

Die schönsten Feier- und Spielideen für JULI bis DEZEMBER

ERNTEDANK
SANKT MARTIN UND LICHTERFEST
HALLOWEEN
NIKOLAUS
ADVENT UND WEIHNACHTEN

Kaufmann Verlag

Impressum

Bibliografische Information der Deutschen Bibliothek
Die Deutsche Bibliothek verzeichnet diese Publikation in der Deutschen Nationalbibliografie; detaillierte bibliografische Daten sind im Internet über http://dnb.ddb.de abrufbar.

1. Auflage 2023

Text: Suse Klein
Illustrationen: Petra Eimer

Druck und Bindung: ADverts Printing House
ISBN 978-3-7806-5197-6

Inhaltsverzeichnis

INHALT

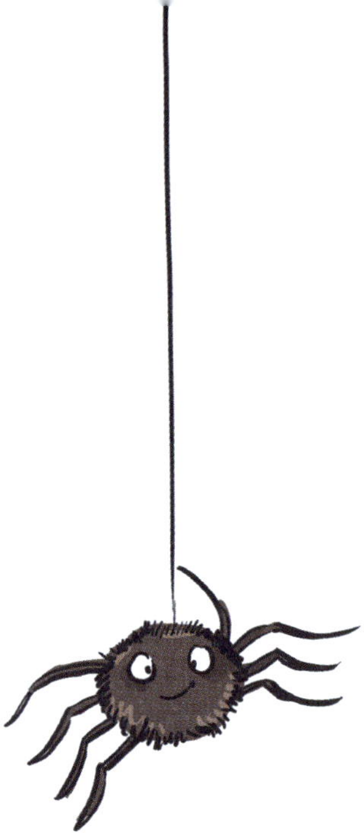

Feste feiern von Juli bis Dezember

Sankt Martin, Erntezeit, Weihnachten … – die Zeit, in der es draußen schon früh dunkel wird: Gerade der Herbst und Winter sind spannende und aufregende Zeiten in Kita und Krippe. Mit diesem gut gefüllten Buch voller Ideen halten Sie eine tolle Sammlung für alle Feiern und Feste in den Händen, die zwischen Juli und Dezember in Kita und Kindergarten anfallen können.
Feiern und Feste prägen ganz selbstverständlich das Erleben von Zeit und Jahreszeit der Kinder. Welche Rolle soll, kann, darf oder muss die Kita dabei spielen? Eines vorweg: Ob mit oder ohne Kita, dem Rummel rund um die größeren Feste können sich Kinder kaum entziehen, die Frage ist nur, wie genau die Kinder Ihrer Kita ihre Feste und Feiern erleben und später in Erinnerung behalten. Darum ist es wichtig, Jahreszeiten und ihre Feste mit den Kindern zu besprechen, sich darauf zu freuen und sie zu genießen. Das gilt natürlich nicht nur für die in diesem Sampler enthaltenen Feste, die eher zum europäisch-christlichen Kontext zählen, sondern für alle Feste der Welt. Fragen Sie doch die Kinder in Ihrer Einrichtung, welche Feste, Feiertage und besonderen Zeiten im Jahr in ihrer Familie noch gefeiert werden, und nehmen Sie sie mit in Ihre Jahresplanung auf! Kochen Sie typische Rezepte, singen Sie die passenden Lieder …

Das Erleben von Jahreszeiten und ihren Festen ist für Kinder im Krippen- und später im Kindergartenalter oft der Dreh- und Angelpunkt, um sich in der Zeit zu verorten. Mit der Vorfreude auf den Martinstag oder den Nikolaus sammeln Kinder häufig erste Eindrücke von Zeit und Zeitdauer, von Tag, Woche und Monat. Und mit ebendiesem Wissen über Zeit und Zeitrechnung eignen sich die Kinder wieder ein weiteres Stück Welt- und Orientierungssicherheit an.
Feiern macht zudem nicht nur Spaß, es transportiert zusätzlich noch (inter)kulturelles Wissen – das gehört ebenfalls mit zur Bildung in den ersten sechs bis sieben Lebensjahren – und es ist auch einfach gut für die Seele: Ein oder zwei Tage ohne frühes Aufstehen, Tage der Ruhe oder der Gemütlichkeit, vor allem aber auch Zeiten der Gemeinschaft, vielleicht des Schlemmens, tun nicht nur Erwachsenen gut.
Und schlussendlich ist nicht zu vergessen: Das Miteinanderfeiern kann auch zur Entwicklung der Sozialkompetenz beitragen.

Toll, wenn die Kinder erleben können, wie die Jahreszeiten und ihre Eigenheiten mit in die Feste, die Dekoration, das Festessen und die Stimmung hineinspielen. Auf diese Weise können die Kinder besondere Zeiten im Jahr mit allen Sinnen kennen- und schätzen lernen: Sie erfahren, wie heimisches saisonales Obst und Gemüse schmeckt, und sie schmecken sich so in die Erntezeit und ihre Traditionen hinein – eine wichtige Erfahrung, wenn es um Bildung für nachhaltige Entwicklung geht. Sie erleben die halloweentypische Gänsehaut und lernen vielleicht gerade beim Thema „Gruseln", Ängsten zu begegnen und sie einzuordnen. In der Martins- oder Lichterzeit machen die

Kinder Erfahrungen von hell und dunkel, kalt und warm und genießen die Gemütlichkeit von Kerzenlicht, Laternen und warmen Getränken. Der Gedanke, anderen zu helfen, kann mit in die Advents- und Weihnachtszeit hineinspielen, die die Sinne der Kinder in vielfältiger Weise anspricht.

Jede Jahreszeit und jedes Jahreszeitenfest hat Besonderheiten, die die Kinder aktiv erfahren, erkunden und erleben können. Toll, wenn Sie die Kinder dabei begleiten. Dieses Buch soll Sie bei den vielen kleinen und großen Festen unterstützen: mit einfachen, lustigen und originellen Ideen, die sich im Kita-Alltag schnell umsetzen lassen.
Stimmen Sie sich und die Kinder mit den Spielen, Liedern, Tänzen und Gestaltungsideen aus diesem Buch auf die Jahreszeiten Herbst und Winter sowie deren Feste ein. So fühlen sich die Kinder verortet in Zeit und Raum und können Feste und Feiern mit allen Sinnen genießen. Außerdem finden Sie konkrete Tipps und Ideen zur Festgestaltung, Rezepte fürs Büfett oder für Überraschungssnacks und schließlich auch Theaterstücke und Dekoideen. Zum Luftholen in trubeligen Fest- und Feierzeiten kommen Sie zudem bei den Meditationen, Ritualen und Entspannungstipps im Buch, beispielsweise im Kapitel „Sankt Martin und Lichterzeit" oder „Advent und Weihnachten".
Seit Urzeiten durchbrechen besondere Zeiten im Jahr unseren Alltagsrhythmus. Feste und Feiern – egal ob im großen oder im ganz kleinen Rahmen – sind wichtig für das seelische Wohlbefinden von Kindern und Erwachsenen. Hier kommen eventuell auch die Familien zusammen und lernen sich kennen. Die Kinder können ihre Eltern/Familien an ihrem Leben in der Kita/Krippe teilhaben lassen. Machen Sie diese „Hoch-Zeiten" im Jahr zu einem besonderen Erlebnis für alle mit den Tipps aus diesem Buch. Lassen Sie sich inspirieren!

Erntezeit

Äpfel, Birnen, Haselnüsse: Mit der Erntezeit beginnt der Herbst – und auch dieses Buch. Heimisches Obst und Gemüse kennenzulernen kann einen Grundstein bei der Bildung für nachhaltige Entwicklung legen. Und auch eine kleine Prise Dankbarkeit für alles, was wir essen und trinken, darf mit dabei sein. In diesem Kapitel stehen die Lebensmittel selbst und die Wertschätzung, die wir dafür mitbringen, im Mittelpunkt. Begleiten Sie mit den Kindern in diesem Kapitel eine Haselnuss bei einer aufregenden Reise, singen Sie gemeinsam Erntelieder und probieren Sie in den Rezeptideen, wie die Erntezeit schmeckt.

Erntezeit-musik

„Alle Gaben sind schon da!“ Starten Sie musikalisch in die Erntezeit und lernen Sie mit den Kindern dabei spielerisch kennen, was jetzt alles so von Bäumen und Sträuchern purzelt oder auf den Feldern geerntet wird.

Der Wind streicht leis' durchs Weizenfeld

Ein Klanggedicht mit Getreiderasseln

Dieses Klanggedicht können die Kinder mit Klanginstrumenten ihrer Wahl begleiten. Stilecht wird es aber, wenn Sie mit den Kindern Getreiderasseln herstellen. Dazu füllen Sie einfach Getreidekörnchen in leere, saubere, trockene PET-Flaschen, verschließen die Flaschen gut – und fertig ist eine Getreide- oder Körnerrassel. Wenn Sie keine Lebensmittel verschwenden möchten, können Sie die Körner natürlich auch durch Steinchen, Murmeln oder groben Sand ersetzen

ab 2 Jahren

Das brauchen Sie

- **Klanginstrumente (Rasseln) oder Material für die Getreide-Rasseln (leere PET-Flaschen und Getreidekörner oder Steinchen)**

Der Wind streicht leis' durchs Weizenfeld,
raschelt sachte durch die Welt.

ganz leise mit den Körnerrasseln rasseln

Der Wind weht weiter durch Halme und Blätter,
dann ändert sich das Sommerwetter.

weiter ganz leise rasseln

Es regnet und prasselt und alles wird nass,
der Weizen, die Körnchen, die Kräuter, das Gras.

laut und heftig rasseln

Der Wind wird stark, es donnert und blitzt,
dass kleines Getier in Verstecke flitzt.

laut rasseln

Dort warten die Tiere ganz ängstlich und still,
psst, leise, ob's Wetter sich wieder beruhigen will.

ganz leise rasseln, „psst" machen

Alle Gaben sind schon da

Ein Erntedanklied für Feste und mehr

Dieses Lied eignet sich für eine kleine Vorführung am Erntedankfest oder bei einem Erntedankgottesdienst, denn hier können garantiert alle sofort mitsingen.

ab 3 Jahren

Material

- **Viele kleine Körbe**
- **Erntegaben zum Füllen wie Äpfel, Birnen, Kürbisse, Lauch / Porree, Getreide, Nüsse, Kohlköpfe, Zwiebeln**

Zur Melodie von „Alle Vögel sind schon da" lässt sich dieses Lied singen. Im Sitzkreis können Sie es mit den Kindern einüben, indem Sie die in jeder Strophe vorkommenden Erntefrüchte in kleinen Körbchen passend zum Text vor die Kinder hinstellen.

Für eine Vorführung vor Publikum dekorieren Sie einen kleinen Tisch oder einen Heuballen mit einigen Erntefrüchten und beispielsweise einer schönen Tischdecke. Jedes Kind bekommt ein kleines Körbchen mit Erntefrüchten. Singen Sie nun gemeinsam das Lied. Passend zu den gerade in der Strophe erwähnten Gemüsesorten, Früchten, Nüssen oder Getreidearten (aber auch unabhängig davon) geht nun jedes Kind zum Tisch und stellt seine Gaben dazu, bis zum Schluss der Tisch ganz bedeckt ist. Teilen Sie den Text auch an die Eltern aus. Da die Melodie so bekannt ist, können die meisten Familien sicher direkt mitsingen. Nur die beiden mittleren Zeilen in jeder Strophe ändern sich.

Alle Gaben sind schon da,
alle Gaben, alle:
Zwiebeln, Wirsing, Kürbis, Lauch,
wandern gern in unser'n Bauch.
Für das alles lieben Dank,
für alle Gaben, alle.

... Weizen, Gerste, Roggen auch,
wandern gern in unser'n Bauch ...

... Nüsse, Beeren, frisch vom Strauch,
wandern gern in unser'n Bauch ...

... Frisches Obst nach altem Brauch,
wandert gern in unser'n Bauch ...

Die Haselnuss, die nicht vom Baum fallen wollte

Eine Klanggeschichte für die Herbst- und Erntezeit

Für diese Klanggeschichte können Sie sich selbst Textpassagen zu einer einfachen oder schwierigen Version zusammenstellen und die Geschichte so auf Ihre Wünsche anpassen. Im Text finden Sie die ausführliche (und damit für die meisten Kindergartenkinder noch schwierige) Version. Lassen Sie zur Vereinfachung einzelne Tiere weg und reduzieren Sie den Einsatz der Instrumente. Die Bald-Schulkinder können sich für eine herbstliche Vorführung an die schwierigere Version herantrauen.

Material

- **Für eine einfache Version: Klanginstrumente nach Wunsch und Vorrat für alle Kinder**
- **Für die schwierigere Version: Klanginstrumente, verteilt nach Rollen / Figuren der Geschichte**

ab 5 Jahren

Ab 3 Jahren (leichtere Variante)

Klanginstrumente und Rollen für die schwierigere Version:

Haselnüsse inklusive der kleinen Haselnuss: Holzblock und / oder Klangstäbe
Wind: Xylo- oder Metallofon
Eichhörnchen: Trommel / Handtrommel / Tischkante
Eichelhäher: Rassel
Hamster: Kastagnette, Gong
Rüsselkäfer: Guiro

Beim ersten Vorlesen können Sie die Geschichte mit den Händen (trommeln auf dem Tisch) und der eigenen Stimme (pfeifen für das Geräusch des Windes) begleiten.

Es war einmal eine kleine Haselnuss.

einige Schläge auf einem einzigen Instrument, beispielsweise Holzblock

Gemeinsam mit ihren Freunden hing sie an einem Haselstrauch.

viele Haselnuss-Instrumente klingen zusammen

Wenn der Wind wie jetzt im Spätsommer durch die Zweige pfiff, rempelten die Haselnüsse aneinander.

auf- und absteigende Tonfolge auf dem Xylo- oder Metallofon, dazu klackern die Haselnussinstrumente

Die ersten Nüsse lösten sich von ihren Zweigen und kamen – Klack! – auf dem Boden unter dem Haselstrauch auf.

ein einzelner Schlag auf einem einzigen Haselnussinstrument

Noch mehr Nüsse ließen ihre Zweige los, riefen den anderen Nüssen „Ciao, Leute!" zu und segelten ebenfalls Richtung Boden: Klack, Klack!

alle Haselnüsse klingen zusammen

Bald klickerte und klackte es nur so, weil alle Nüsse nach und nach ihre Reise auf die Erde antraten und der Wind sie von den Zweigen pustete.

alle Haselnüsse klingen ganz laut zusammen

Unten auf dem Boden fanden sich viele Tiere ein, um sich die Nüsse zu schnappen: Ein Eichhörnchen sammelte drei Nüsse ein.

drei Schläge auf der Trommel

Ein Eichelhäher kam herbeigeflogen und schnappte sich zwei Nüsse.

zweimal rasseln

Ein Hamster hoppelte herbei und stopfte sich gleich fünf Nüsse in die Backen.

fünfmal das ausgewählte Instrument anschlagen

Ein Rüsselkäfer rollte eine Haselnuss weg und bohrte ein Loch hinein.

auf dem Guiro streichen

So verschwanden nach und nach die Nüsse vom Boden unter dem Haselstrauch, und auch im Haselstrauch waren keine Nüsse mehr zu sehen. Oder?

die Haselnuss-Holzblöcke klingen laut, dann leiser, dann verstummen sie

Es wurde kälter, der Wind wehte stärker und die Blätter am Haselstrauch verfärbten sich. Hört mal genau hin, rief da nicht jemand?

ganz leise auf einem Haselnuss-Instrument spielen

Tatsächlich, da hing noch eine einzige kleine Haselnuss am Strauch und zitterte im kalten Wind. Und wie der Haselstrauch sich auch schüttelte und rüttelte, um sie endlich loszuwerden, die Haselnuss hielt sich eisern fest.

laute Schläge auf einem Haselnuss-Instrument, dazu das Xylo- oder Metallofon mit auf- und absteigender Tonfolge bespielen

„Lässt du jetzt wohl los, du kleine Nuss!", schimpfte der Haselstrauch und versuchte wieder die Nuss abzuschütteln. „Neiiiiiin! Ich trau mich nicht!", rief die Haselnuss und klammerte sich mit aller Kraft fest.

laute Schläge auf einem Haselnuss-Instrument

Da hüpfte das Eichhörnchen am Haselstrauch vorbei. „Was machst du denn noch da oben?", rief es hinauf zur kleinen Haselnuss.

Trommel anschlagen

„Ich trau mich nicht, das sieht so fürchterlich hoch aus!", rief die Haselnuss nach unten.

Haselnuss-Instrument ganz leise anspielen

Das Eichhörnchen nickte. „Das versteh ich. Aber ich fang dich auf, wenn du springst!", versprach es. „Und dann lege ich dich in mein Versteck unter die Erde, da hast du es ganz warm!" Und das Eichhörnchen breitete seine Arme aus. Die kleine Haselnuss ließ nun endlich los und sprang. „Schwupp!" machte es, als sie in den Armen des Eichhörnchens landete.

Trommel und Holzblock einmal kurz gemeinsam anschlagen

Das Eichhörnchen brachte sie wirklich in sein Versteck und wisst ihr, was dann passiert ist? Das Eichhörnchen vergaß doch tatsächlich, wo es die kleine Nuss vergraben hatte. Und so begann die Nuss im nächsten Frühling zu keimen und trieb aus und nach einigen Jahren war ein neuer, kleiner Haselstrauch aus ihr gewachsen. Und dieser Haselstrauch hing wieder voller Haselnüsse, die im Wind aneinanderschlugen, hört mal genau hin!

Xylo- oder Metallofon auf- und absteigend spielen, dazu erklingen die Haselnuss-Instrumente, zuerst laut, dann immer leiser, dann verklingen alle Instrumente

Ratatatam!

Ein Stampf- und Rhythmusvers für die Erntezeit

ab 2 Jahren

Trommeln, klatschen, mit den Füßen stampfen, mit den Fingern schnipsen oder mit Klanginstrumenten richtig Krach machen: Bei diesem Vers ist alles erlaubt. Toll hört es sich an, wenn viele Kinder gemeinsam – und im Takt – mitmachen.

Material

- **Die im Text erwähnten Gemüse-/Nusssorten nach Auswahl und Vorrat, hier: Kürbis, Kohlkopf, Kartoffeln, Kastanien**
- **Körbe**
- **Rhythmusinstrumente nach Vorrat und Vorlieben der Kinder, etwa Trommeln und Rasseln**

Für ein Kreisspiel stellen Sie einen großen Korb mit den Ihnen zur Verfügung stehenden Gemüsesorten oder Nüssen in die Kreismitte. Die Kinder stehen in einem lockeren Stehkreis. Sprechen Sie den Vers zunächst einmal laut vor und machen die Bewegungen dazu. Dann können die Kinder mitmachen. Mit einigen Wiederholungen sprechen die Kinder schon mit, bis sie schließlich den Vers allein vortragen und vormachen können. Vorgeschlagene Begleitung: Zu den ersten beiden Zeilen „Ratatatam, jetzt purzeln …" im Takt passend mit den Füßen stampfen. Dann das passende Objekt, etwa einen Kürbis, aus dem Korb nehmen und wieder zurücklegen. Sie können den Vers auch im Sitzen durchführen, wenn es im Stehen zu viel Durcheinander gibt. Dann können die Kinder passend zum Sprechtakt mit den Füßen oder Fersen aufstampfen, klatschen, mit den Fingern schnipsen oder mit den Händen auf den Boden trommeln.

Alternativ können Sie statt eines großen Korbs in der Mitte auch kleine Körbchen mit Nüssen, Kastanien und kleinen Zierkürbissen für jedes Kind bestücken. Jüngere Kinder können dann passend zum Vers die gerade erwähnte Frucht auswählen und hochhalten.

Für eine Vorführung können Sie den Vers mit Rhythmusinstrumenten begleiten. Beispielsweise können die Kinder nur zu den Ratatatam-Zeilen (wenn möglich im Takt) mitklopfen oder mitklingen. Wenn die Kinder den Vers richtig gut beherrschen, können Sie weitere Ideen entwickeln, etwa jedem Gemüse ein bestimmtes Instrument zuordnen, verschiedene Takte oder Spielweisen erfinden – und so aus dem einfachen Vers eine kleine rhythmische Musikvorführung gestalten.

Ratatatam, ratatatam,
jetzt purzeln Obst und Früchte heran.
Ein Kürbis kullert und kullert voran,
ratatatam, ratatatam.

Ein Kohlkopf kullert …
Kartoffeln kullern …
Walnüsse kullern …
Eicheln kullern …
Kastanien kullern …

Spiele & Rezepte

Ein Fingerspiel, in dem fünf Äpfel die Hauptrolle spielen und ein spannendes Geschicklichkeitsspiel machen neugierig auf Obst und Gemüse und darauf, woher unsere Lebensmittel eigentlich kommen. Mit den saisonalen und regionalen Rezepten können die Kinder den Herbst schmecken und genießen.

Fünf kleine Äpfel

Ein Fingerspiel für die Apfelzeit

ab 2 Jahren

Dieses Fingerspiel macht in der Kita und auch zu Hause Spaß. Vielleicht können Sie es mit einem Ausflug auf eine Streuobstwiese oder auf den Wochenmarkt verbinden?

Fünf Äpfel mit rotem Gesicht
hingen am Baum mit Gewicht.

die Hand herabhängen lassen und mit den fünf Fingern als Äpfel wackeln

Sie schwangen hin, dann wieder her,
ein Wind kam auf, noch mehr, noch mehr.

die Hand hin- und herschwingen und darüberpusten

Eins, zwei, drei, vier fallen herab,
auf den Boden: zappzerapp.

vier Finger einklappen, den kleinen Finger herabstehen lassen

Der kleinste Apfel hängt noch fest.
„Ob mich der Wind bald fallen lässt?"

den kleinen Finger hin- und herbewegen

Da schüttelt sich der Baum und „zack!",
da fällt der kleinste auch herab.

kleinen Finger auch einklappen

Achtung, Gemüsesuppe!

Ein Kreisspiel mit Herbstgemüse und -genüssen

Ihre Kinder kennen nur ganz wenige Herbstgemüsesorten? Dann bietet sich ein kleines Spiel an, bei dem die Kinder mit viel Spaß und Lachen Bekanntschaft mit Blumenkohl & Co. schließen können.

Material

- **Je 3 Bildkärtchen mit dem gleichen Herbstgemüse (Kürbis, Zwiebel, Blumenkohl, Kartoffel, ...)**
- **Körbchen oder Schachtel**
- **Wäscheklammern**
- **Nach Wunsch: Herbstgemüse von den Kärtchen in „echt" in einem Korb**

Als Vorbereitung betrachten die Kinder die Gemüsekärtchen. Kennen die Kinder diese Herbstgemüse? Gehen Sie die Kärtchen gemeinsam durch und benennen Sie die einzelnen Gemüsesorten. Falls möglich und zur Hand stellen Sie den Korb mit dem echten Gemüse in die Kreismitte, sodass die Kinder die Kärtchen vergleichen können.

Dann kann es losgehen:

Jedes Kind zieht sich blind eine Gemüsekarte aus dem Korb und heftet sie mit einer Wäscheklammer an der Kleidung an. Im Kreis erklärt jedes Kind kurz, welches Gemüse es ist: „Ich bin eine Kartoffel." Ein Gemüsekind geht in die Kreismitte, die anderen Kinder setzen sich auf Stühle im Kreis um das Kind in der Mitte herum. Achten Sie darauf, dass es in Ihrem Kreis von jeder Gemüsesorte mindestens drei Kinder gibt – auch wenn Sie dann beispielsweise nur drei Gemüsesorten haben!

Das Kind in der Kreismitte ruft nun beispielsweise „Kürbis!". Alle Kürbiskinder müssen nun ganz schnell den Platz wechseln. Ist das Kind in der Mitte selbst auch ein Kürbis, versucht es, einen der Stühle zu ergattern. Das Kind, das übrigbleibt, geht nun in die Mitte und darf eine Gemüsesorte ausrufen. Ruft es „Achtung, Gemüsesuppe!" wechseln alle Gemüse ihren Platz.

Heiße Kartoffel!

Ein Geschicklichkeits- und Aufpassspiel für den Morgenkreis

Da ist jeder sofort wach! Und gelacht werden darf natürlich auch. Bei diesem Kreisspiel kommt mächtig Spaß und Spannung in die Kinderrunde. Nebenbei trainieren die Kinder auch Grob- und Feinmotorik, Aufmerksamkeit, Geduld, Frustrationstoleranz und Achtsamkeit.

Material

- **Suppenkellen, große Löffel, Pfannenwender**
- **Zierkürbisse oder Kartoffeln**
- **Körbchen**

Jedes Kind sucht sich einen Löffel, eine Kelle oder einen Pfannenwender aus. Mit ihrem Werkzeug setzen sich die Kinder in einen Sitzkreis. Stellen Sie ein Körbchen mit den Kartoffeln oder Zierkürbissen vor sich auf. Legen Sie beispielsweise eine Kartoffel auf Ihren Löffel und geben Sie nur mit dem Löffel diese Kartoffel an das neben Ihnen sitzende Kind weiter. Das Kind gibt die Kartoffel an das Kind daneben weiter und so findet die Kartoffeln ihren Weg durch den Kinderkreis. Beim Weitergeben (und beim Aufheben, falls eine Kartoffel oder ein Kürbis zu Boden fällt) dürfen die Kinder nur ihre Löffel oder jeweils ausgesuchten Werkzeuge benutzen.

Spannender wird es, wenn Sie mit den Kindern spielen, dass die Kartoffel heiß wäre und darum besonders schnell weitergegeben werden muss.

Noch schwieriger können Sie das Spiel gestalten, wenn Sie nach der Kartoffel direkt ein weiteres Objekt in den Sitzkreis geben, sodass viele Kartoffeln und Kürbisse zur gleichen Zeit unterwegs sind.

Und noch mehr Spaß macht es, wenn Sie ein Zeichen zum Richtungswechsel, etwa „Rückwärtsgang!" mit ins Spiel bringen, bei dem die Kinder die Gegenstände in die andere Richtung weitergeben müssen.

Auf einem Herbst- oder Erntefest können Sie dieses Spiel auch als Mannschaftswettbewerb oder Hindernislauf rund um Heuballen oder andere Hindernisse anbieten.

Tipp

Sie können das Spiel natürlich auch mit anderen Herbstfrüchten spielen. Allerdings sollten Sie nur Nüsse oder Früchte verwenden, die Sie auch nach dem Herumkullern auf dem Boden noch verwerten können. Probieren Sie auch nicht essbare Spielobjekte wie Kastanien oder Eicheln aus.

Brötchenrad

Ein herzhaftes Partyrad für die Erntefeier

Eine schöne Alternative zu süßen Brezeln ist dieses Partyrad, von dem sich jeder Gast ein Brötchen abreißen kann. Auf diese Weise kommt auch der Gedanke des Teilens wieder aufs Tablett – oder Backblech. Die Kinder können beim Backen kräftig mithelfen.

Das brauchen Sie

- **400 g Weizenmehl**
- **100 g Roggenmehl**
- **20 g frische Hefe oder ein Päckchen Trockenhefe**
- **1 ½ Teelöffel Salz**
- **Zwei Zwiebeln**
- **Ein Esslöffel Butter oder Speiseöl**
- **350 ml lauwarmes Wasser**
- **Je zwei Esslöffel Körner oder Saaten nach Wahl, beispielsweise Sesam, Kümmel mit grobem Salz, Sonnenblumenkerne, in separaten Schälchen**

Die ersten Aufgaben übernehmen Sie oder ein anderer Erwachsener: Schälen und würfeln Sie die Zwiebeln und dünsten Sie sie in etwas Butter oder Öl an, bis sie glasig werden. Dann abkühlen lassen!

Die Hefe in das lauwarme Wasser geben und darin auflösen (einfach umrühren und kurz stehen lassen). In der Zwischenzeit mischen die Kinder in einer anderen Schüssel die beiden Mehlsorten und das Salz. Dann das Hefewasser dazugeben und mit den Knethaken des Handrührgerätes alles zu einem glatten Teig verkneten. Zum Schluss die Zwiebeln unterrühren. Den Teig zu einer langen Rolle von etwa 60 Zentimetern formen. Die Rolle in gleichmäßige Stücke unterteilen, beispielsweise zehn Stücke zu je 6 Zentimetern Länge. Eine Schüssel mit Wasser füllen.

Die Kinder trennen sich je ein Stück Teig ab, kneten es durch, rollen es zu einer Kugel und tunken es mit einer Seite ins Wasser und dann in eine der Schüsseln mit Körnern/Saaten/Salz. Jedes Brötchen auf das mit Backpapier ausgelegte Backblech legen und das nächste Brötchen jeweils immer kreisförmig anlegen.

An einem warmen Ort muss das Partyrad nun etwa 40 Minuten gehen. Dabei sollten Sie es mit einem Küchentuch oder mit Folie abdecken. Danach Tuch/Folie wegnehmen und bei 200 °C (Umluft) etwa 20 bis 25 Minuten backen.

Erntedank around the world

Mit dem Erntedankfest erinnern die Christen an den Zusammenhang zwischen Mensch und Natur. Auch heute noch schenkt uns die Natur Obst, Getreide, Nüsse und Gemüse. Termin für das christliche Erntedankfest ist meist der erste Sonntag im Oktober. Regional kann das Erntedankdatum aber auch von diesem Termin abweichen.

Überall auf der Welt feiern die Menschen zu den unterschiedlichen Erntezeiten den Ertrag von Feldern, Plantagen, Gärten und Wäldern. In den USA findet am vierten Sonntag im November das Thanksgiving-Fest statt. An diesem Tag im Jahr bedanken sich die Menschen allerdings nicht nur für die Gaben der Natur und der Ernte, sondern für alles Gute in ihrem Leben. In Asien gibt es viele unterschiedliche Erntefeste, bei denen man vor allem die Reisernte feiert.

Körnerbrot am Spießchen

Ein Snack-Rezept für Feste oder für zwischendurch

Wie wäre es, wenn Sie gesundes Körnerbrot (oder klein geschnittene Körnerbrötchen) einfach im Wechsel mit Snack-Gemüse oder Obststückchen auf Spieße stecken und als Fingerfood anbieten? Brotscheiben einfach mit Butter oder Margarine beschmieren und abwechselnd mit Paprika- und Gurkenstückchen, Käsewürfeln oder Radieschen auf Spieße stecken – und fertig. Falls Sie das Brot selbst backen möchten, haben wir hier ein Ruck-zuck-Rezept für Sie.

ab 3 Jahren

Zutaten

(für ein Brot in einer Kastenform)

- **500 g Dinkelmehl**
- **2 Tütchen Trockenhefe**
- **1 Teelöffel Zucker**
- **nach Wunsch: ½ Teelöffel Brotgewürz**
- **50 g Kerne oder Nüsse nach Wahl**
- **50 g Leinsamen**
- **1 Teelöffel Meersalz**
- **500 ml handwarmes Wasser**
- **1 Teelöffel Olivenöl**
- **2 Esslöffel Apfelessig**
- **eine Handvoll Kerne oder Samen zusätzlich für die Form**

Den Backofen auf 180 °C vorheizen. Alle trockenen Zutaten bis auf die Handvoll Kerne in einer großen Schüssel gut miteinander vermischen. Die flüssigen Zutaten hinzugeben und alles mit den Knethaken des Rührgerätes verkneten, sodass ein fast flüssiger Teig entsteht. Die Kastenform mit Backpapier auslegen und die restlichen Kerne hinzugeben. Dann den Teig einfüllen und das Brot sofort in den Ofen geben. Etwa 60 Minuten backen und in der Form auskühlen lassen.

Ruck-zuck-Kartoffeltaler

Ein Last-Minute-Rezept für die Kartoffelzeit

Kartoffeln sind toll: Sie sind gesund, machen richtig satt und kosten nicht viel. Sie haben nur einen kleinen Nachteil: Roh sind sie nicht essbar. Dieses Rezept verwertet Kartoffelreste vom Vortag oder fertig gekauften Kartoffel-Kloßteig. Beim Zubereiten ist Kneten und Formen angesagt. Hier helfen die Kinder sicher gern!

ab 2 Jahren

Zutaten für acht Kinder und zwei Erzieher*innen:

- **Fertiger Kloßteig halb und halb (3 Päckchen à 500 g), alternativ: 1,5 kg weich gekochte, geschälte Kartoffeln**
- **2 Zwiebeln, fein gehackt**
- **Salz**
- **Pfeffer**
- **Gemüsebrühe**
- **Kräuter nach Lust und Laune**
- **Etwas Muskatpulver**
- **3 Esslöffel Speisestärke**
- **Nach Wunsch: Gemüsereste vom Vortag (gekocht und klein geschnitten)**
- **3 Esslöffel Oliven- oder Sonnenblumenöl**
- **Paniermehl**

Vermischen Sie einfach alle Zutaten in einer großen Schüssel miteinander. Die Kinder können mit sauberen Händen kneten und mischen, bis ein homogener, fester Teig entsteht. In der Zwischenzeit belegen Sie Backbleche mit Backpapier. Das Backpapier zusätzlich mit etwas Speiseöl bestreichen. Den Ofen auf 200 °C vorheizen. Falls Sie Umluft verwenden möchten, reduzieren Sie die Temperatur auf 180 °C. Aus dem Teig formen die Kinder etwa kindertaustgroße Kugeln, die sie leicht flach drücken. Danach wälzen die Kinder ihre Taler noch in Paniermehl. Die Taler auf die Bachbleche legen. Im Ofen backen die Taler etwa 20 bis 30 Minuten. Nach der Hälfte der Backzeit einmal wenden. Dazu passt Apfelmus oder ein Salat.

Tipp

Für ein Kartoffelfest schmecken die Taler auch kalt. Dann können Sie kleinere Taler backen und auf jedem Taler mit einem Zahnstocher eine kleine Gewürzgurke, ein Stück Radieschen oder Wurst feststecken.

Halloween

Ziehen auch bei Ihnen Geister, Vampire, Hexen und Mumien von Haus zu Haus? Die tollste und spannendste Zeit im Jahr ist für viele Kita-Kinder die Zeit um den 31. Oktober. Denn jetzt, an Halloween, lässt es sich so angenehm gruseln.
Gerade an Halloween möchten sich viele Kinder auch verkleiden, für eine Weile jemand ganz anderes sein, magische oder besondere Fähigkeiten haben und sich ganz neu erfahren. Für einen kleinen Schauer über den Rücken finden Sie in diesem Kapitel alles, was einfach fürchterlich spannend ist: schauerliche Deko-Ideen, schrecklich leckere Snacks, unheimlich gute Partyideen und Songs, Spiele und Tänze zum Knieschlottern.

Party- und Kreisspiele

Bloß nicht die Mumie wecken! Mit den spannenden Kreis- und Partyspielen bringen Sie Lachen und etwas Grusel in die Gruppe, beispielsweise wenn die Kinder ihre auditive Wahrnehmung trainieren, um die Mumie im gleichnamigen Spiel nicht zu wecken.

Vampir sucht Zähne

Ein lustiges Partyspiel für die Halloweenzeit

Eine lustige Attraktion für die Gruselparty, bei der ordentlich gelacht, aber kaum herumgetobt wird? An diesem Gleichgewichts- und Geschicklichkeitsspiel haben alle Spaß und Sie können es als Überraschung sehr gut für die Kinder vorbereiten.

Material

- **1 DIN-A3-Bogen Malpapier**
- **Buntstifte**
- **Filzstifte**
- **Nach Wunsch: Glitzerstifte**
- **Laminiergerät und -folie**
- **Reißbrettstifte oder andere Möglichkeit zum An-die-Wand-Hängen**
- **Weiße Knetmasse**

Malen Sie für die Kinder ein Vampirporträt auf das Malpapier. Der Vampir sollte einen großen leicht geöffneten Mund haben und nicht zu gruselig aussehen. Es kann natürlich auch eine Vampirdame abgebildet werden. Vampire sind eventuell blass-grünlich im Gesicht und tragen einen hohen Stehkragen. Das Bild zur besseren Haltbarkeit laminieren. Zur Party hängen Sie das Bild etwa in Kinderkopfhöhe auf und legen die Knetmasse in einem Schälchen dazu.

Die Kinder sollten nun aus der Knete einen schönen Vampirzahn (oder zwei Zähne formen). Immer ein Kind darf dem Vampir den Zahn ankleben. Zu einfach? Können die Kinder das auch mit geschlossenen Augen? Immer noch zu einfach? Wie wäre es, wenn sich die Kinder zweimal drehen und es dann mit geschlossenen Augen versuchen? Machen Sie auch selbst mit! Die Kinder haben Lust, selbst Klebegesichter zu malen? Hexen könnten auch ihre Warze suchen, Gespenster ihre (roten) Augen oder Zombies Augen und Ohren.

Fünf kleine Hexen

Ein Puste-Fingerspiel im windigen Herbst

Im Wind geht in diesem Fingerspiel die kleinste der fünf Hexen verloren. Mit einem Pusten können die Kinder sie wieder zurückbringen.

ab 2 Jahren

Hui, die erste Hexe fliegt heran!
Die zweite? Ist schon ganz dicht dran.

die Faust hochhalten, dann Daumen und Zeigefinger ausklappen

Die dritte kommt schon angefegt,
die vierte kommt jetzt angeweht.

zusätzlich Mittel- und Ringfinger ausklappen

Wo ist das fünfte Hexchen hin?
Die Hexen kratzen sich am Kinn.

am Kinn kratzen

Da kommt ein Windstoß: Hui, widiwitt!
Und bringt das kleine Hexchen mit.

über die Hand pusten, dann den kleinen Finger zusätzlich ausklappen

Hihi, da kichern sie und zischen umher,
fliegen davon, man sieht sie nicht mehr.

mit der Hand durch die Luft zischen, dann die Hand hinter dem Rücken verstecken

Achtung, die Mumie schläft!

Ein Kreisspiel mit viel Konzentration

Bei diesem Kreisspiel braucht es Konzentration, Geschicklichkeit und auch das Zusammenhalten ist hier wichtig. Denn alle Kinder passen auf, damit die Mumie nicht aufwacht.

Das brauchen Sie

- **Luftballon**
- **kleine Glöckchen oder Schellen**
- **verschiedene Schöpfkellen und Küchenlöffel aus Metall**
- **dicke Kordel**
- **Decke**

Stecken Sie mindestens drei bis vier Glöckchen oder Schellen in den Luftballon und pusten Sie ihn anschließend groß auf. Die Schöpfkellen und Löffel (sie sollten eine Öffnung zum Aufhängen haben) binden Sie mit der Kordel zusammen. Statt des gefüllten Luftballons können Sie auch einen Schellenkranz oder ein Tamburin mit Schellen verwenden.

Setzen Sie sich mit den Kindern in einen Kreis. Ein Kind kommt als Mumie in die Mitte. Es legt sich unter die Decke und stellt sich schlafend. Geben Sie nun den Ballon und die Löffel in den Kreis. Können die Kinder sie ganz leise weitergeben, sodass die Mumie nicht aufwacht? Wenn die Mumie ein Geräusch hört, kann sie sich aufsetzen. Mit geschlossenen Augen soll sie nun in die Richtung deuten, aus der das Geräusch kam. Liegt sie richtig?
In einer weiteren Spielrunde kann ein anderes Kind die Rolle der Mumie übernehmen. Kinder, die es gern knifflig haben, können in der Rolle der Mumie zusätzlich eine Augenbinde aufsetzen, damit sie sich wirklich nur auf ihr Gehör verlassen, wenn sie herausfinden möchten, woher das Geräusch kommt.

Das klebrige Spinnennetz

Eine Attraktion für die Halloween-Party

Ein lustiges Wurfspiel für die Gespensterparty gesucht? Diese kleine Attraktion können Sie ganz schnell hervorzaubern und die Kinder haben bestimmt Spaß damit.

ab 4 Jahren

Material

- **Krepp- oder Malerklebeband**
- **Tischtennisbälle**
- **Papier- und Alufolienbällchen**
- **1 Eimer**

An einer Tür oder in einem Durchgang spannen Sie zunächst einige lange Klebebandstücke. Daraus kleben Sie ein Ecknetz wie bei einem echten Spinnennetz in die Ecke der Tür oder des Durchgangs. Das Netz kann sehr groß sein, Sie sollten aber noch daran vorbei oder darunter hindurchgehen können.
Stellen Sie einen Eimer mit den Bällchen davor bereit. Auf der Party können die Kinder das Netz mit den Bällchen bewerfen. Ziel ist es, dass die Bällchen am Netz hängen oder kleben bleiben. Für extra viel Gruselfeeling können Sie die Bällchen auch mit Insektengesichtern bemalen und eine Riesenspinne aus Kunststoff oben im Netz platzieren, falls die Kinder keine Angst vor ihr haben.

Das Abc des Kürbisaushöhlens

Wie Sie Ihren Halloweenkürbissen gekonnt zu Leibe rücken

Die Kürbisse stehen bereit, die Kinder krempeln die Ärmel hoch. Einen ganz kurzen Moment noch: Bevor Sie starten, können Sie sich richtig ausrüsten, um Ihren Kürbissen professionell zu Leibe zu rücken. Das Fruchtfleisch und die Kerne können Sie weiterverwenden, wenn Sie die richtige (essbare und aushöhlbare) Kürbissorte verwenden.

ab 3 Jahren

Material

- **Kürbisse**
- **Wischfester Filzstift**
- **Mini-Sägemesser**
- **Brettchen**
- **Schüsseln**
- **Siebe**
- **Nach Wunsch: Kürbis-Schnitzsets**

Welche Kürbisse sind denn (auch) essbar?

Aushöhlbar und essbar sind unter anderem die Sorten Buttercup, Hokaido, Muskatkürbis, Racer, Charmant und Tom Fox.

Kürbisaushöhlen in vier Schritten

Schaffen Sie sich ein Aushöhlset an. Es besteht zumeist aus einigen unterschiedlich großen Sägemessern, die an beiden Seiten gesägt sind, wischfestem Filzmaler und Löffeln zum Aushöhlen. Die Anschaffung rentiert sich, weil es mit diesem Werkzeug wirklich einfacher geht und die Kinder nicht so viel Kraft aufbringen müssen. Auf diese Weise verringert sich auch die Verletzungsgefahr, gute Aufsicht ist aber – auch bei den älteren Kindern – immer geboten.

Schritt 1: Sorgen Sie dafür, dass der Kürbis wackelfrei stehen kann. Dazu unten am Kürbis ein kleines Stückchen flach abschneiden.

Schritt 2: Einen Deckel anzeichnen, dann keilförmig um den Stiel/das obere Ende entlang der aufgemalten Linie mit einem scharfen Messer rundherum einschneiden. Dabei schräg ins Kürbisinnere schneiden und den Deckel samt anhängendem Fruchtfleisch abnehmen.

Schritt 3: Kürbis zuerst komplett aushöhlen. Lassen Sie eine möglichst dicke Wand, damit das Gesicht später besser hält, aber entfernen Sie alle weichen Teile des Fruchtfleischs. Werfen Sie die „Innereien" nicht gleich weg! Die Kerne können Sie noch verwenden.

Ich fürcht' mich nicht

Ein Mitmachgedicht zum Mut-Tanken

Dieses Mitmachgedicht ist so lustig, dass es ängstlichen und mutigen Kindern gleichermaßen gefällt. Es kann die Kinder auf die gruselige Zeit einstimmen und sie darin bestärken, dass alles Halloween-Treiben doch nur Quatsch, Spaß und Spiel ist.

ab 2 Jahren

Ich fürcht' mich nicht an Halloween,
den Kopf schütteln und/oder mit dem Finger „nein, nein!" zeigen

wenn Hexen Hüte mit Spinnen anzieh'n.
das Hutaufziehen nachmachen

Ich fürcht' mich nicht, denn ich bin stark,
den Oberarm mit Muskeln zeigen

ess' Haie und Quallen in meinem Salat.
über den Bauch streichen

Ich fürcht' mich nicht, ich bin schon groß,
sich ganz groß recken

ess' Riesen und Geister mit Pommes und Soß'.
wieder über den Bauch streichen

Ich fürcht' mich nicht, denn ich bin fit,
wieder „nein, nein!" zeigen/den Kopf schütteln

geb' meiner Angst 'nen Riesentritt!
einen Tritt in die Luft machen

Halloween-
musik

Ein Rasselsong für Gespenster oder lieber ein Tanzlied zu Vollmond? Hexen, Vampire und Gespenster, die gern das Tanzbein schwingen, kommen hier voll und ganz auf ihre Kosten.

Halloween kommt (doch) nicht aus Amerika

In den USA ist die Halloweenzeit die Zeit des Gruselns: Kürbisse werden ausgehöhlt und von innen mit Lichtchen beleuchtet. So präpariert schmücken Sie Treppen, Fenster und Hauseingänge. Kinder, aber auch Erwachsene verkleiden sich als Gruselgestalten und ziehen als Zombies, Hexen, Mumien, Vampire und Gespenster durch die Straßen, um an den Türen in der Nachbarschaft um Süßigkeiten zu bitten. Haupttermin ist die Nacht vom 31. Oktober auf den 1. November.

Ursprünglich wurde dieses Fest natürlich nicht an diesem festen Termin gefeiert, denn unsere Vorfahren in alter Zeit richteten sich noch nach einem älteren Mond-Kalender. Hier fand das Fest wahrscheinlich zu einem Vollmondtermin irgendwann nach der Herbst-Tagundnachtgleiche statt. In die USA gelangte das Fest durch Einwanderer aus Großbritannien, Irland und Wales, die ihr altes keltisches Gedankengut mit in die neue Welt brachten. Aber auch im restlichen Europa gab es wahrscheinlich ein solches Fest, an dem man für die Ahnen und Toten Lichter aufstellte.

Vollmond

Ein Tanzlied mit Pantomime

ab 3 Jahren

Dieses kleine Lied ist zum Direktmitmachen gedacht. Sie können es einfach zur Melodie von „Kuckuck, Kuckuck, ruft's aus dem Wald" singen. Die Kinder können dazu die passenden Tanzbewegungen ausdenken und einfließen lassen.

Versammeln Sie sich im Stehkreis. Können die Kinder vormachen, wie ihrer Meinung nach Gespenster tanzen würden? Oder Zombies? Wenn die Kinder sich einig sind, können Sie das Lied starten:

Vollmond, Vollmond! Kommt und tanzt mit!
mit den Händen einen Kreis in die Luft zeichnen

Es tanzen Gespenster, die kommen durchs Fenster.
Vollmond, Vollmond, das ist der Hit!
wie Gespenster tanzen

Weitere Strophen

Es tanzen Vampire gleich durch die Türe …
Es tanzen die Hexen, die schlabbern und klecksen …
Es tanzen die Zombies, die kommen in Kombis …
Es tanzen die Tiger, die kommen im Flieger …

Tipp

Auf der Halloweenparty können immer die Kinder, die passend verkleidet sind, in den Kreis kommen und vormachen, wie sie tanzen.

Trick or Treat

Ein Spiellied mit Halloween-Spaß

ab 4 Jahren

Bei diesem Spiellied können sich die Kinder gegenseitig in den Kreis holen und dabei „Trick or Treat" nachspielen.

Das brauchen Sie

- **echte Bonbons oder ersatzweise kleine Stückchen bunten Stoff**
- **ein Täschchen**
- **nach Wunsch: Hexenhut oder Maske**

Ein Kind bekommt das Täschchen und geht in die Kreismitte. Die anderen Kinder nehmen sich je ein Bonbon oder einen Stoffrest und stehen in einem Stehkreis um das Kind mit dem Täschchen herum. Nach Wunsch kann das Kind in der Mitte auch ein Kostüm-Accessoire anziehen oder aufsetzen, beispielsweise einen Hexenhut oder eine Maske. Dann geht es los. Singen Sie einfach zur Melodie von „Ich bin ein kleiner Tanzbär".

Heut ist es schrecklich dunkel und Gespenster gehen um.
Da klingelt's an der Haustür und es poltert: Rumsdidum.

das Kind im Kreis geht im Kreisinnern herum, bis es schließlich vor einem Kind seiner Wahl stehen bleibt und pantomimisch „anklopft"

Ach, heut ist ja Halloween,
wo Geister um die Häuser zieh'n.
Die rufen ganz laut: Trick or Treat,
Süßigkeiten her!

das ausgewählte Kind übergibt sein „Bonbon" in das Täschchen und geht nun mit dem Kind in der Mitte in der nächsten Runde im Kreis herum; so können Sie spielen, bis alle Kinder im Kreis sind und alle „Bonbons" im Täschchen

Wer läuft wie?

Ein Musikstopp-Spiel für Gruselfreunde

Zombies, Vampire, Hexen und Gespenster: Wenn Ihre Kinder sich mit diesen gruseligen Gestalten schon gut auskennen, macht ihnen dieses Spiel bestimmt Riesenspaß. Wählen Sie die Lieblingsmusik der Kinder dafür aus!

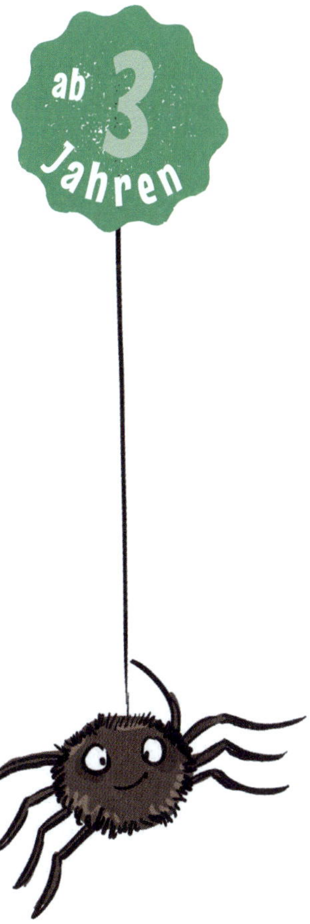

Das brauchen Sie

- **Lieblingsmusik der Kinder**

Versammeln Sie sich mit den Kindern im Stehkreis. Können die Kinder vormachen, wie Vampire flattern, beispielsweise wie das Herr Eckzahn, ein sehr alter und wichtiger Vampir, machen würde? Können sie auch vormachen, wie die Hexe Trickselfix gehen könnte? Und auch der Zombie Wumpie? Und wie könnte das Gespenst Hu schweben?

Wenn sich die Kinder einig sind, kann das Spiel starten: Zur Musik tanzen die Kinder nach Lust und Laune durch den Raum. Beim Musikstopp rufen Sie nun einen Namen, beispielsweise: „Trickselfix!“ Wissen die Kinder noch, wer das ist, und können es noch einmal nachmachen? In der nächsten Runde rufen Sie natürlich einen anderen Namen. Sie können auch zwei Namen auf einmal rufen. Die Kinder bestimmen dann, wen sie darstellen möchten.

Hier sind noch einmal alle Gestalten und möglichen Bewegungen dazu im Überblick (Sie können mit den Kindern natürlich auch andere/weitere ausdenken):

- Eckzahn: flatternder Vampir Herr Eckzahn oder wie eine Fledermaus fliegen
- Trickselfix: gebeugt gehen wie die Hexe Trickselfix
- Wumpi: humpeln und taumeln wie der Zombie Wumpi
- Hu: wehen und heulen wie das Gespenst Hu

Gespenster rasseln durch die Nacht

Ein Gespensterlied zum Bewegen und Ruhigwerden

Besonders viel Spaß macht dieses Lied natürlich in Gespensterverkleidung. Am Ende werden alle Gespenster ganz leise, denn die Nacht ist zu Ende. Und statt „Gute Nacht, schlaft gut!“ wünschen sich Gespenster natürlich „Guten Morgen, angenehme Tagesruhe!“.

ab 2 Jahren

Material

- **Nach Wunsch für jedes Kind eine Rassel, Ratsche oder ein anderes Klanginstrument**

Versammeln Sie sich mit den Kindern in einem lockeren Stehkreis. Jedes Kind bekommt nach Wunsch und Vorrat eine Rassel, Ratsche oder ein anderes Klanginstrument. Singen Sie die erste Strophe einfach vor und fordern Sie die Kinder auf, den Text mit Bewegungen nach eigenen Einfällen zu begleiten. Genauso funktionieren die anderen Strophen. Sie können einfach zur Melodie von „Dornröschen war ein schönes Kind“ singen und am Ende an die Strophen zusätzlich ein Gespenstergeheul anhängen sowie die Instrumente erklingen lassen. Die Ideen unter den einzelnen Strophen sind nur Anregungen für Sie!

Gespenster fliegen wie der Wind, wie der Wind, wie der Wind,
zum Burgturm hoch geschwind, geschwind, heult dazu:
Huuuuuuuuuu!

mit ausgebreiteten Armen durch den Raum „fliegen“, nach Wunsch dazu rasseln, am Ende gemeinsam heulen

Gespenster klopfen an die Wand, an die Wand, an die Wand,
mir ihrer kalten Gruselhand, heult dazu:
Huuuuuuuuu!

mit der Hand auf den Boden klopfen, nach Wunsch dazu rasseln

Gespenster rasseln durch die Nacht, durch die Nacht, durch die Nacht,
hört nur, wie viel Lärm das macht, heult dazu:
Huuuuuuuuuu!

rasseln oder mit den Füßen stampfen und weiter wie oben

Gespenster schweben jetzt ganz leis, jetzt ganz leis, jetzt ganz leis,
drehen sich dazu im Kreis, heult ganz leis':
Huuuuuuuuuuu!

flüsternd singen, ganz leise durch den Raum schweben, ganz leise heulen

Der Morgen graut, der Spuk ist aus, Spuk ist aus, Spuk ist aus,
Gespenster gehen jetzt nach Haus, ruh'n sich aus:
Guten Morgen, Gespenster! Schlaft gut!

auf den Boden legen oder setzen und kurz ausruhen

Wenn die Turmuhr schlägt …

Ein Klanggedicht fürs Gespenstertreiben

ab 3 Jahren

Gespenster lassen sich gern um Mitternacht zu einem kleinen Spuk blicken. Dann rasseln und heulen sie und lieben es, arglose Leute zu erschrecken. Machen Sie doch dabei mit und begleiten Sie die Gespenster in diesem Klanggedicht.

Das brauchen Sie

- **einen dicken Schlüsselbund (toll, wenn es alt aussehende Schlüssel sind), ersatzweise Rasseln**
- **ein Stück dicke Kette (Absperrkette aus dem Baumarkt), ersatzweise Schellenbänder**
- **1 Klangschale oder Gong**
- **Kazoos oder andere Effektpfeifen nach Vorrat**

Um Mitternacht erklingt im Turm die Uhr:
Zwölfmal schlägt sie, hört doch nur!
zwölfmal die Klangschale oder den Gong anschlagen und dabei gemeinsam mitzählen

Wisst ihr auch, was das bedeutet?
Wenn es zwölfmal um Mitternacht läutet?
Stille, „Pst!“ machen

Genau: die Gespenster wachen auf,
sie rasseln herbei, schrecken Schlafende auf.
Rasseln oder Schlüsselbund einsetzen

Sie rasseln noch mehr, laut wird es jetzt,
denn heute, da feiern sie ein Fest.
die Schellenkränze kommen dazu

Sie heulen auch und singen dazu,
huh, wie das klingt, vorbei ist die Ruh!
mit den Kazoos Heulgeräusche machen

Doch dann, nach einer Stunde nur,
da ertönt schon wieder die Kirchturmuhr.
Gong oder Klangschale, diesmal nur einmal anschlagen

Einmal schlägt sie, der Tanz ist vorbei,
Gespenster und Geister gehen jetzt lieber heim.
dem Ton der Schale oder des Gongs noch etwas nachlauschen

Zuerst hört das Rasseln und Rumpeln auf,
die Gespenster gehen heim mit Geschimpf und Geschnauf.
Rasseln und Schellen/Schlüssel und Ketten zuerst laut, dann leiser, dann Stille

Dann hören sie auf, zu heulen und zu singen,
müssen sich jetzt in ihre Betten schwingen.
Kazoos zuerst laut, dann leiser, dann Stille

Hört ihr noch was? Ganz still ist es jetzt,
denn jetzt ist’s zu Ende, das Geisterfest.
Stille

Dekoration & Rezepte

Augen, die von dunklen Wänden starren, Ruck-zuck-Spinnen und als Snack abgebissene Finger: Auf den nächsten Seiten sorgen fürchterlich gute Dekoideen und Rezepte für eine angenehme Gänsehaut.

Schnelle Spinne

Eine Dekorationsidee zum Spielen

ab 4 Jahren

Dekoration, die die Kinder nachher noch als Spielzeug verwenden können, ist eine tolle Sache. Vor allem, wenn diese gruseligen Mehrbeiner auch noch leuchten können.

Material pro Spinne

- **1 runde Käseschachtel mit Deckel**
- **Pinsel und Schwämmchen**
- **Finger- oder andere flüssige Farbe in Schwarz**
- **8 Wackelaugen**
- **Schere**
- **Prickelnadel**
- **Schwarzer Chenilledraht**
- **2 Holzwäscheklammern**
- **1 kleine Leuchtkette (batteriebetrieben)**
- **Klebstoff**

Die Kinder malen die Käseschachtel (Deckel und Unterteil) von außen komplett schwarz an. Beide Teile gut trocknen lassen. In der Zwischenzeit auch die beiden Wäscheklammern schwarz anmalen. Dann mit der Prickelnadel und der Schere entlang des Schachtel-Unterteils acht Löcher für die Beine einstechen. Vorne zwei Löcher für zwei Greifarme einstechen. Durch die Löcher Chenilledrahtstückchen als Beine und Arme führen und in der gewünschten Länge zuschneiden.

Ans Ende jedes Fangarms eine Wäscheklammer (als Zange) klemmen. Oben auf der Schachtel einige Löcher ausprickeln. Hier wird später direkt über den Augen der Spinne gruseliges Licht aus dem Inneren leuchten. Zwischen den beiden Fangarmen die Wackelaugen aufkleben. Im Innern der Spinne jetzt die Leuchtkette platzieren und anknipsen. Spinne verschließen und gruselig leuchten lassen. Diese Spinne kann ein Netz aus Wollfäden zieren oder auf dem Büfett für Grauen sorgen. Auch möglich: Jedes Kind kann sich seine eigene Spinne herstellen und kleine Schätze oder Spielpreise von der Halloweenparty darin aufbewahren.

Augen an der Wand!

Eine Deko-Idee für den Partyraum

Überall gucken Augen aus dem Dunkel hervor: Dieses Gefühl können Sie im Partyraum mit geschickter Deko erleben – mit selbst gemachten Pappteller-Augen. Diese Deko können die Kinder fast ganz allein herstellen.

Das brauchen Sie

- **weiße Pappteller, Bierdeckel oder andere runde Pappscheiben (Durchmesser etwa 10 bis 20 cm)**
- **schwarze, blaue und rote Filzstifte**
- **Reißbrettstifte oder Knetkleber**

Schneiden Sie den Rand der Pappteller ab, sodass nur die weiße Innenscheibe übrigbleibt. Wenn Sie keine Pappteller benutzen möchten oder keine zur Hand haben, dann schneiden Sie einfach aus weißer Pappe oder Tonkarton Scheiben oder Ovale aus.

Die Kinder können nun Iris und Pupillen daraufmalen. Dabei können manche Augen auch eine spitz-ellipsen- oder sichelförmige Pupille bekommen. Oder die Kinder malen das Auge rot an oder mit roten Äderchen – lassen Sie die Kinder Ideen entwickeln. Alle Augen kommen dann an die Wände des Partyraums.

Gruseligen guten Abend!

Eine Hexenfigur zur Begrüßung

ab 3 Jahren

Das wird Ihre Gäste bestimmt sprachlos machen, wenn sie von einer gruseligen Figur an der Tür oder im Eingangsbereich begrüßt werden, die sich nicht bewegt. Im Dunkeln ist dann nämlich kaum zu erkennen, ob es sich um einen „echten Menschen" handelt oder nicht.

Das brauchen Sie

- **einen weißen Kopfkissenbezug**
- **eine Hexennase mit Gummiband**
- **einen Hexenhut**
- **alte Lumpen, Stoffreste oder Füllwatte**
- **einen langen Rock (von Erwachsenen)**
- **eine Stola oder einen Poncho**
- **eine Bluse oder Jacke (von Erwachsenen)**
- **einen Stuhl oder Schaukelstuhl**
- **mehrere Kissen**

Knöpfen Sie die Jacke zu und stopfen Sie sie fest mit Lumpen oder anderem Füllmaterial aus. In den Rock stopfen Sie weiteres Füllmaterial und/oder Kissen. „Setzen" Sie nun den Rock so auf den Stuhl, dass er von selbst liegen bleibt, und setzen Sie das ausgestopfte Oberteil darauf. Als Kopf knüllen Sie einen ausgestopften Kopfkissenbezug in den Jackenkragen, sodass er oben herausguckt. Nun können die Kinder ans Ausgestalten gehen: Die Hexe kann eine Nase bekommen, außerdem weiteres Material je nach Ihrem Vorrat, vielleicht eine Perücke, ein Kopftuch (das später unter dem Hut hervorguckt), zum Schluss stülpen die Kinder den Hut auf den Kopf.

Tipp

Noch gruseliger und echter sieht es aus, wenn die Kinder Handschuhe ausstopfen und in die Ärmel stecken. Stellen Sie auch Hexenschuhe unter den Rock. Je nach Art Ihrer Party kann die Hexe auch ein Schild halten, auf dem „Willkommen" steht, oder eine Schale mit Süßigkeiten. Wer sich hier wohl traut, zuzugreifen?

Nur hereinspaziert!

Eine Tür in ein Gruseltor verwandeln

Diese Deko weckt Gruselpartylaune: Durch einen Gespensterkörper betreten die Partygäste nämlich hier den Festraum.

ab 4 Jahren

Das brauchen Sie

- **roten Vorhangstoff**
- **Vorhangstange oder Wäscheleine und Klammern**
- **große Pappwand/Pappbogen (beispielsweise von großen Verpackungen)**
- **schwarze und weiße Farbe und dicke Pinsel**
- **dünne weiße Wollfäden oder Spinnweben-Spray (aus dem Partyhandel)**
- **Kunststoffspinnen**
- **Beistelltisch**
- **Kerzenhalter mit Kerze(n)**

Schneiden Sie aus der Pappe einen sehr großen Gespensterkörper aus, der etwas höher und etwas breiter als Ihre Tür (beispielsweise die Gruppenraumtür) ist. Malen Sie den Körper mit weißer Farbe an. Schneiden Sie die Öffnung aus, vielleicht etwas kleiner als die Tür. Dann bringen Sie das Gespenst an. Toll sieht es aus, wenn die Augen und/oder ein aufgerissener Mund direkt über der Tür liegen. Auf der anderen Seite der Tür arrangieren Sie den roten Vorhang, sodass die Eintretenden noch gut den Raum betreten können. Daneben platzieren Sie den gruseligen Kerzenleuchter (ohne ihn anzuzünden, wegen der Brandgefahr). Zum Schluss können Sie noch alles mit Spinnweben und Spinnen verzieren. Wenn Ihre Gäste nun den Raum betreten, werden sie gleich in Gruselaune versetzt.

Alien-Schleim

Ein Igitt-Rezept für faszinierenden Ekel

ab 2 Jahren

Schöner grüner Schleim: Diese taktile Erfahrung macht an Halloween richtig Spaß – den (meisten) Kindern jedenfalls. Hier bekommen Sie ein Rezept, das ganz einfach mit Spülmittel gemacht wird.

Das brauchen Sie für etwa 3 Portionen

- **1 Flasche Spülmittel (clever schon in der gewünschten Farbe einkaufen!)**
- **Salz**
- **nach Wunsch: Glitzerpulver**
- **nach Wunsch: zusätzliche Speisefarbe**

Die Kinder kippen oder spritzen das Spülmittel in eine Schüssel. Sollte Ihr Spülmittel nicht die gewünschte Farbe haben, können Sie es mit einigen Spritzern Lebensmittelfarbe weiterfärben. Nun geben die Kinder vorsichtig etwas Salz (zunächst nur wenig, etwa zwei Prisen) dazu. Nun verrühren Sie alles für mehrere Minuten. Nun können Sie schon sehen, ob und wie der Schleim dicker wird. Geben Sie nun weiter Salz hinzu, bis Ihr Glibber die gewünschte Konsistenz erreicht (sollte ungefähr wackelpuddingmäßig werden). Dann rühren die Kinder nach Wunsch das Glitzerpulver unter. Achtung: Sie müssen evtl. wirklich mehrere Minuten (bis zu 10 Minuten) rühren. Geben Sie nicht zu viel Salz hinzu, sonst wird der Glibber wieder flüssig!

Tipp

Im Internet finden Sie eine Vielzahl von Ideen für gruselige Schleimrezepte oder Glibberknete. Stellen Sie doch ein kleines Regal oder Tischchen auf, an dem die Kinder sich hier ausleben und in Ruhe fühlen, glibbern und kneten können.

Abgebissene Finger

Eine Leckerei fürs Halloweenbüfett

ab 3 Jahren

Schaurig schlemmen? Für Ihr Halloweenbüfett stellen wir Ihnen hier noch Rezepte vor, die Sie nach Wunsch und Geschmack der Kinder variieren und kombinieren können.

Material

- **Wiener Würstchen**
- **Ketchup oder Tomatenmark**
- **Mandeln ohne Haut**

Die Würstchen in der Hälfte durchschneiden oder durchbrechen. Jedes halbe Würstchen am abgerissenen Ende in Ketchup oder Tomatenmark tunken. In das andere Ende eine Mandel oder eine halbe Mandel als Fingernagel stecken. Alle Finger auf einer Platte anrichten.

Variation

Dieses Gericht können Sie auch warm servieren. Dazu die Würstchen kurz erhitzen und auf vorgewärmten Tellern anrichten. Dazu passen Kartoffelgesichter oder Kartoffeltaler in Gespenster- oder Kürbisform (aus der Tiefkühlabteilung im Supermarkt), die Sie im Ofen knusprig aufbacken können.

Allerseelen und Allerheiligen

Die Christen begehen die Zeit Ende Oktober und Anfang November ebenfalls mit Festen, an denen sie der Toten gedenken. Der 1.11., Allerheiligen, ist in manchen deutschen Bundesländern mit überwiegend katholischer Bevölkerung und in manchen europäischen Ländern wie Österreich und Belgien ein gesetzlicher Feiertag, an dem der Heiligen gedacht wird. An diesem „stillen Feiertag" sind in diesen (Bundes-)Ländern öffentliche Tanzveranstaltungen und laute Musik verboten. Am darauffolgenden Tag, dem 2.11., Allerseelen, gedenkt die katholische Kirche dann aller Toten.

In den neuen Bundesländern und in Bundesländern mit eher evangelischer Bevölkerung ist dagegen der 31.10., der Reformationstag, gesetzlicher Feiertag. Die evangelischen Christen begehen ihn im Gedenken an die Reformation der Kirche durch Martin Luther, der am Abend dieses Tages im Jahr 1517 seine 95 Thesen zu Ablass und Buße an die Tür der Schlosskirche zu Wittenberg geschlagen hat. In manchen Bundesländern sind auch beide Tage Feiertage.

Knochen mit Dip

Ein schrecklich leckerer Knuspersnack

Knusprige Knochen fürs Gruselbüfett zaubern Sie – Simsalabim – aus Tiefkühlblätterteig. Dazu passt ein cremiger Dip, den Sie nach Wunsch und Vorrat noch mit eigenen Ideen abschmecken können.

Material

- 1 Päckchen Tiefkühl-Blätterteig (Platten)
- Nach Wunsch: Kräutersalz
- 1 Becher Schmand
- 2 Esslöffel Rapsöl
- 1 Esslöffel Apfelessig
- Salatkräuter oder Salatgewürz
- ½ Teelöffel Senf
- ½ Teelöffel Zucker oder Agavendicksaft
- Nach Wunsch und Geschmack: frische oder tiefgekühlte Kräuter, fein gehackt

Für den Dip Schmand, Rapsöl, Apfelessig, etwas Salatgewürz, Senf und Zucker oder Agavendicksaft verrühren. Nach Wunsch noch etwas Wasser dazugeben, damit der Dip etwas flüssiger wird. Den Dip auf kleine Schälchen verteilen und bis zum Verzehr kühl stellen.

Für die Knochen die Blätterteigplatten nebeneinander auftauen lassen. Den Ofen vorheizen. Jede Platte quer in Streifen schneiden. Jeden Streifen an den Enden etwas einschneiden und die beiden Zipfel zu Knochenenden formen. Alle Knochen auf mit Backpapier belegte Bleche legen. Nach Wunsch die Knochen mit Wasser bestreichen und mit Kräutersalz bestreuen. Dann nach Anweisungen auf der Packung nicht zu dunkel backen.

Die Knochen rund um die Schälchen mit dem Dip anrichten. Dazu passen auch Paprika-, Kohlrabi- und Möhrenschnitze.

Variation

In den Dip passen auch frische oder tiefgekühlte Kräuter, Tomaten- oder Paprikastückchen, Zwiebeln oder eine gehackte Knoblauchzehe.

Süße Kürbisse

Ohne-Backen-Süßigkeit für Halloweentage

Diese tollen „Kürbisse“ sind natürlich keine Kürbisse. Weil sie ruck, zuck fertig sind, eignen sie sich auch als süßer Snack für zwischendurch.

Das brauchen Sie

- **Mandarinen**
- **Marzipanrohmasse**
- **grüne Speisefarbe**
- **etwas Puderzucker und/oder Reismehl**

Geben Sie grüne Speisefarbe und etwas Reismehl oder Puderzucker zur Rohmasse und verkneten Sie alles, bis Sie eine gleichmäßige grüne Masse haben. Die Kinder formen daraus per Hand Stängel (Würste) und Blätter. Nun schälen Sie die Mandarinen. Jede Mandarine (als Kürbis) bekommt nun einen kurzen Stängel oben aufgesteckt und kann so als Halloween-Kürbis durchgehen. Mit den Blättern können Sie noch weiter ausdekorieren.

Tipp

Ihre Kinder lieben Ausstechen? Rollen Sie die Marzipanmasse aus und stechen Sie mit Laub- oder Blatt-Ausstechförmchen kleine Blättchen als Dekoration aus!

Schrumpelhände

Ein herzhafter Snack in Handarbeit

Dieser Snack ist so schnell und lecker, dass die Kinder ihn bestimmt nicht nur an Halloween verputzen möchten. Sie brauchen dafür die Hände der Kinder. Keine Angst, sie werden nicht wirklich aufgegessen.

ab 3 Jahren

Das brauchen Sie

- **2 Rollen Blätterteig (aus dem Kühlregal)**
- **Tomatenmark**
- **Streukäse**
- **1 Ei**
- **etwas Sahne**

Heizen Sie den Ofen auf 180 °C vor. Rollen Sie die Blätterteige auf und drücken Sie sie auf der Arbeitsfläche platt. Sie sollten noch gekühlt sein. Die Kinder drücken ihre gespreizten Hände auf und umfahren sie mit Pizzarädchen oder Kinderküchenmessern. Alle Händchen kommen auf mit Backpapier belegte Bleche. Nach Wunsch können die Kinder die Fingernägel mit etwas Tomatenmark rot betupfen. Dann können sie den Rest der Hände mit einer Mischung aus verquirltem Ei und Sahne bestreichen. Wer richtig schrumplige Hände möchte, der streut nun noch Streukäse auf. Hierbei allerdings möglichst nicht über den Handrand hinwegstreuen, damit die Hand nach dem Backen noch erkennbar bleibt. Wer keine Schrumpelhände mit Käse möchte, streut etwas Salz oder eine Kräutersalzmischung auf. Die Hände backen, bis sie aufgehen und goldbraun-knusprig sind (etwa 10 bis 15 Minuten).

Hexentrank

Eine Bowle mit Händen und Würmern

ab 4 Jahren

Diese Bowle ist nichts für schwache Nerven, denn sie ändert ihre Farbe und abgehackte Hände und Würmer sind Begleiterscheinungen.

Material

- Dünne Einweg-Handschuhe aus Latex oder Plastik
- 3 EL alkoholfreien Blue Curacao
- Wasser
- Zitronen- und Orangenscheiben
- 1 l Orangensaft
- 1 Flasche Mineralwasser (0,75 l)
- 2 Esslöffel Maracuja-Sirup
- Ausgestochene Melonenkugeln (beispielsweise tiefgekühlt)
- Fruchtgummiwürmer

Die Kinder spülen die Handschuhe sorgfältig mit warmem Wasser aus. Mischen Sie in einem Messbecher zwei Gläser Wasser mit drei Esslöffeln Blue Curacao (nicht mehr Curacao zugeben, weil sonst die Mischung nicht mehr gefriert). Diese Mischung gießen die Kinder vorsichtig in die Handschuhe. Dazu halten zwei Kinder einen Handschuh auf, während ein weiteres Kind die Mischung eingießt. Die Handschuhe mit Haushaltsgummi gut verschließen und über Nacht in der Tiefkühltruhe gefrieren lassen.

Mischen Sie am anderen Tag in einer großen Bowle-Schüssel Sirup, Fruchtsaft sowie Mineralwasser und geben Sie die Zitronen- und Orangenscheiben dazu. Die Kinder nehmen die Hand aus der Tiefkühltruhe und schneiden den Handschuh mit einer Schere vorsichtig auf. Die Hand in die Bowle legen. Wenn die Hand zu schmelzen beginnt, verfärbt sich die Bowle langsam von Gelb nach Grün. Sie können den Vorgang auch beschleunigen, indem Sie noch einen Esslöffel Blue Curacao hinzugeben. Den Rand der Bowlenschüssel garnieren die Kinder mit den Würmern. Die Bowle bleibt länger frisch und kühl, wenn Sie tiefgekühlte oder frisch dem Kühlschrank entnommene Melonenkugeln hinzugeben.

Tipp

Im Supermarkt bekommen Sie auch „essbare“ Augen in der Fruchtgummi-Abteilung. Diese „Leckerei“ sollten Sie jedoch nicht in die Bowle geben, da sich die Augen darin auflösen.

Sankt Martin & Lichterzeit

Laterne, Laterne! Kaum wird es draußen dunkel und kalt, sorgen Kerzen, Laternen und Lämpchen aller Art für Freude und Behaglichkeit: Die Lichterzeit hat begonnen! In diesem Kapitel finden Sie Ideen für die (gar nicht mehr so) dunkle Zeit im November – mit oder ohne Sankt Martin. Auch Theater-Ideen für Martins- oder Lichterfeste sind mit dabei. Und weil es sich mit Kerzenschein so schön entspannen und ausruhen lässt, sind hier auch Meditationen und Ruhereisen zu finden. So können Sie die Zeit rund um Sankt Martin für die Kinder, Eltern und für sich selbst unvergesslich machen – egal ob Sie die Lichterzeit eher traditionell und christlich oder lieber ganz ohne Sankt Martin und seine Legende begehen möchten.

Spiele & Lieder

Mit den folgenden Klopfgedichten, Fühlrätseln und Laternenliedern bringen Sie etwas Abwechslung und frischen Wind in die traditionellen Martins- und Lichterzeitideen.

Sankt Martin reitet so schnell!

Ein Klopf- und Stampfgedicht

ab 2 Jahren

Dieses Mitmachgedicht ist ganz schön anstrengend, denn die Kinder stampfen und klopfen im Sitzen mit Armen und Beinen auf den Boden, um das Pferdegetrappel nachzustellen. Wenn die Kinder noch müde sind, dann machen diese Bewegungsreime alle wach.

Sankt Martin reitet so schnell, *pattapam*,
hör dir das Klappern der Hufe an.

im Sitzen mit den Füßen auf den Boden trommeln

Das Pferd läuft nach links, dann wieder geradeaus,
trappelt und klappert mit großem Geschnauf.

jetzt mit Händen und Füßen trommeln und dabei schnaufen

Dann wieder nach rechts, berghoch geht es dann,
das Pferd fängt mächtig zu schwitzen an.

die Füße vom Boden heben und in der Luft weiterstrampeln

Dann geht es langsamer, denn fast sind sie da.
Das Pferd denkt: „Futter! Wie wunderbar!"

wieder mit den Füßen auf den Boden trampeln, dabei immer langsamer werden und dann aufhören

Noch schnell ein Stück Mantel für einen armen Mann,
dann klopfen sie endlich am Stadttor an.

mit den Fingerknöcheln auf den Boden klopfen

Sie klappern zum Stall und ruhen sich aus
und uns're Geschichte? Die ist jetzt aus.

langsam wieder mit den Füßen auf den Boden trommeln

Wer klopft ans Stadttor?

Ein altes Kreisspiel, neu aufgelegt

ab 3 Jahren

Früher gab es Stadtmauern: Dicke und sehr hohe Mauern, die die Städte vor Raubüberfällen schützen sollten. In die Stadtmauern eingelassen waren Stadttore, durch die man die Stadt betreten und verlassen konnte. Vor einem solchen Tor hat Sankt Martin der Legende nach den Bettler gefunden. In diesem Spiel geht es ums Sprechen und Nachsprechen – alles am Beispiel Stadttor.

Die Kinder sitzen in einem Sitzkreis. Ein Kind oder Sie selbst fangen an und sagen beispielsweise: „Ben hat ans Stadttor geklopft!" Daraufhin muss das Kind mit dem Namen Ben rufen: „Ich hab nicht ans Stadttor geklopft. Emilia war's!" Nun ist Emilia an der Reihe: „Ich hab nicht ans Stadttor geklopft, Sophie war's!" So spielen Sie, bis alle Kinder einmal an der Reihe waren, denn kein Kind darf zweimal aufgerufen werden.

Tipp

Warum saß der Bettler in der Legende denn vor dem Stadttor? Haben die Kinder eine Antwort darauf? In der Legende wird an manchen Stellen die Stadt Reims, in anderen Versionen die Stadt Amiens als Schauplatz der historischen Handlung erwähnt. Bettler ließen sich damals oft an den Stadttoren nieder, denn hier konnten sie Reisende um Almosen bitten. Wissen die Kinder auch, was ein Almosen ist?

So fühlt sich die Martinszeit an

Tast- und Fühlrätsel zum Entspannen und Konzentrieren

Wer sich auf eine Sinnesempfindung ganz genau konzentriert, etwa aufs Hinhören, Schmecken oder Fühlen (wie in diesem Beispiel), der kommt zur Ruhe und merkt es noch nicht einmal. Fühlsäckchen sind immer wieder tolle Möglichkeiten, um gleichzeitig Sinneswahrnehmung und Konzentration zu trainieren und die Lautstärke im Raum zu dimmen.

ab 4 Jahren

Das brauchen Sie

- **Ein undurchsichtiges Säckchen**
- **Eine kleine Spielzeuggans**
- **Ein kleines Spielzeugschwert**
- **Ein kleines Spielzeugpferd**
- **Ein Stück weichen, roten Stoff (Martins Mantel)**
- **Ein Münze**
- **Eine kleine Spielzeugfigur „Ritter“ oder „römischer Soldat“ (falls möglich)**
- **Eine Eichel**
- **Eine Kastanie**
- **Eine (harte) Hagebutte**
- **Ein kleines Hufeisen**
- **Ein kleines Stück rauen Stoff (Rupfen oder Sackleinen für die Kleidung des Bettlers)**

Sammeln Sie die Gegenstände zusammen. Es ist nicht schlimm, wenn Sie nicht alle Gegenstände in der Liste zusammenbekommen. In den Lego- oder Playmobil-Kisten der Kinder finden Sie einige der genannten Dinge aber ganz bestimmt. Und das Naturmaterial liegt im Herbst ja meist direkt vor der Kita-Tür. Füllen Sie alle Gegenstände in das Säckchen und geben Sie es in den Kinderkreis. Die Kinder dürfen der Reihe nach einen Gegenstand blind ertasten und – bevor sie ihn herausziehen – benennen. Beim Herausziehen sehen dann die Kinder gleich, ob sie richtig lagen. Fragen Sie nach dem letzten Kind, was denn wohl alle diese kleinen Dinge gemeinsam haben? Richtig: Sie alle haben mit der Martinszeit, mit Sankt Martin oder mit dem Herbst zu tun. Können die Kinder erklären, wo ihr jeweiliger Gegenstand im Herbst oder in einer der Geschichten um Sankt Martin vorkommt?

Ausritt mit Sankt Martin

Ein Tischregelspiel zum Teilen und Freundlichsein

Ein Tischregelspiel ist ganz schnell selbst entworfen. Hier bauen Sie allerdings Risikofelder ein, bei denen es darum geht, besonders freundlich und barmherzig zu sein – ganz wie Sankt Martin.

ab 4 Jahren

Das brauchen Sie

- **Ein großer Bogen Pappe oder Karton**
- **Bleistift**
- **Dicke Filzstifte**
- **Eine Verschlusskappe von einer PET-Flasche**
- **Eine Espressotasse**
- **Vier Spielfiguren in unterschiedlichen Farben**
- **Würfel mit Augen von 1 bis 6**

Die Kinder zeichnen am linken Rand des Bogens aus Pappe oder Karton ein Startfeld und am rechten Rand ein Zielfeld ein. Zeichnen Sie für die Kinder eine Linie, die die beiden Felder verbindet und dabei viele Kurven schlägt. Entlang dieser Linie malen die Kinder mit Filzstiften Spielfelder. Dazu können die Kinder den Verschluss nutzen und diesen einfach umrunden. Alle drei bis vier Spielfelder umrahmen die Kinder eine Tasse für ein größeres Feld. Es sollten sich am besten sechs solcher Felder auf dem Spiel befinden. Wenn zu wenig Platz dafür ist, können die Kinder stattdessen auch die kleineren rot anmalen, um sie zu markieren. In diese Felder, die Ereignisfelder, schreiben die Kinder je eine Zahl von 1 bis 6.

Je vier Kinder können gleichzeitig spielen. Zu Beginn stellen alle Spieler ihre Spielfiguren auf das Startfeld. Im Spiel sind alle Kinder Soldaten, die mit Sankt Martin reiten. Dazu würfeln die Kinder reihum und ziehen gemäß der Augenzahl mit ihrer Figur auf dem Spielfeld Richtung Ziel. Wer als Erstes im Ziel ankommt, ist erster Sieger, aber alle, die das Ziel erreichen, haben ebenfalls gewonnen. Wer beim Ziehen auf ein Ereignisfeld kommt, muss die jeweilige Aufgabe erfüllen:

Feld 1: Vor dir im Schnee sitzt ein Bettler. Du gibst ihm ein Stück von deinem Mantel ab und darfst zum Dank zwei Felder vorrücken.

Feld 2: Vor dir im Schnee sitzt ein kleiner Hund, der sich verlaufen hat, aber du bist zu schnell vorbeigeritten und hast ihn nicht gesehen. Zurück auf Feld 1!

Feld 3: Vor dir im Schnee sitzt eine arme Familie vor einem erloschenen Feuer. Du schenkst ihnen deine brennende Laterne. Zum Dank darfst du fünf Felder vorrücken.

Feld 4: Da ist der kleine Hund wieder. Er zittert und jault. Du nimmst ihn unter deinen Mantel und reitest weiter. Zum Dank darfst du zwei Felder vorrücken.

Feld 5: Vor dir im Schnee geht ein Kind, das seine Eltern sucht, aber schon wieder bist du zu schnell und reitest vorbei. Geh zurück auf Feld 3!

Feld 6: Da ist wieder das suchende Kind. Diesmal nimmst du es mit auf dein Pferd und bringst es zu seinen Eltern. Trotz Umweg darfst du direkt ins Ziel und bist schon jetzt ein Sieger.

Gib den Mond weiter

Ein Kreisspiel zum Aufpassen und Singen

ab 2 Jahren

In diesem Spiel wandert der Mond: allerdings nicht über den Himmel, sondern durch den Kinderkreis. Ganz nebenbei lernen die Kinder dabei Laternen- und Sankt-Martins-Lieder singen.

Das brauchen Sie

- **Einen runden, großen Kieselstein**
- **Viele kleine, runde Kieselsteine**
- **Hellgelbe Bastel- oder Acrylfarbe**
- **Pinsel**
- **Schwarzen wischfesten Filzstift**

Gestalten Sie für die Kinder den großen Kieselstein als Mond: Malen Sie ihn auf der Vorder- und auf der Rückseite gelb an, lassen Sie alles trocknen und malen Sie dann ein Mondgesicht auf den Stein: Auf eine Seite kommt ein lächelndes Gesicht mit geschlossenen Augen, auf die Rückseite ein Gesicht mit offenen Augen.

Die Kinder setzen sich in einen Stuhlkreis. Sie geben den Mond dem ersten Kind in die Hand. Die Kinder können nun ein Laternenlied singen und dabei den Mond immer von Kind zu Kind geben, am besten ohne genau hinzusehen: Singen Sie schnell, müssen die Kinder den Mond auch ganz fix weitergeben. Singen Sie gemeinsam langsam, geht auch das Weitergeben ganz langsam. Rufen Sie „Stopp!", guckt sich das Kind, bei dem der Mond gerade angekommen ist, diesen an: Schläft er oder hat er die Augen geöffnet? Sind die Augen zu, geben die Kinder ihn einfach weiter. Sind die Augen aber auf, kommt das Kind in die Kreismitte. So kann es entweder weitergehen, bis alle Kinder in der Mitte stehen oder bis die Kinder keine Lust mehr haben.

Falls die Kinder am Ende den Mond behalten möchten, kann sich jedes Kind nun aus einem kleinen Kieselstein einen eigenen Mond gestalten.

Es leuchtet so schön ...

Ein Mitmachgedicht mit Lichterglanz

Bei diesem Gedicht lassen es die Kinder scheinen, leuchten und glänzen: Denn sie setzen die Bewegungen mit Taschenlampe, LED oder sonstigen Lichtchen um.

Das brauchen Sie

- **Für jedes Kind ein Licht in Form von Taschenlampe, LED-Lichtchen, Lichterkette oder Ähnlichem**

Es leuchtet so schön durch tiefe Nacht,
ein Lichtchen, wie von Engeln gemacht.

die Kinder stellen ihr Licht an

Es funkelt und blinkt, geht aus und an,
dann fängt es wieder zu leuchten an.

das Licht schnell an-, aus- und wieder anschalten

Wolken kommen und weg ist das Licht,
wie gut du auch hinguckst: Du siehst es nicht.

das Licht ausmachen

Da blitzt es ganz leise durch Wolken und
Nacht:
Wer hat das Licht wieder angemacht?

ganz kurz anschalten und wieder ausmachen

Da leuchtet es wieder so hell und so schön,
ach, würde das Leuchten doch niemals ver-
geh'n!

Licht wieder anschalten und brennen lassen

Fünf kleine Laternen

Ein Fingerspiel zum Pusten

ab 1 Jahr

Wenn der Wind stark genug weht, kann er auch Flammen von Kerzen auspusten. Das passiert den Kerzen in den fünf Laternen aus diesem Gedicht. Pusten Sie mit!

Fünf kleine Laternen,
die schaukeln im Wind.

die Hand mit den fünf Fingern zeigen

Schaukeln sehr gern,
schaukeln geschwind.

mit den Fingern wackeln

Da kommt ein Wind und pustet schwer,
die Laternen schwanken hin und her.

über die Finger pusten

Dann geht die erste Laterne aus,
die zweite folgt ihr gleich darauf.

Daumen und Zeigefinger einklappen

Jetzt geht das dritte Lichtchen aus,
das vierte gibt jetzt auch noch auf.

Mittel- und Ringfinger einklappen

Nur das kleinste Laternchen brennt noch hell,
komm, puste es aus. Ganz schnell, ganz schnell.

fest pusten und den kleinen Finger auch einklappen

Ein Licht brennt, wie schön!

Ein Laternenlied zum Mitspielen

Dieses Lied können Sie direkt mit den Kindern singen, denn es passt zur bekannten Melodie von „Suse, liebe Suse, was raschelt im Stroh“. Die Kinder können das Lied mit ihren Laternen begleiten.

Das brauchen Sie

- **Für jedes Kind eine Laterne**

Kinder, liebe Kinder, ein Licht brennt, wie schön!
Das sind doch die Laternen, so bunt anzuseh'n!
Sie geben uns Licht, leuchten hell in der Nacht,
die haben wir zum Leuchten und Freuen gemacht.

Kinder, liebe Kinder, wie hell ist der Schein!
Das sind doch die Laternen, ob groß oder klein.
Sie geben uns Licht …

Kinder, liebe Kinder, wie bunt sieht das aus!
Das sind doch die Laternen, für Augen ein Schmaus!
Sie geben uns Licht …

Zum Lied passend einfach mit den Laternen im Kreis oder im Raum herumgehen. Falls Sie nicht so viel Platz haben, können die Kinder auch mit den Laternen im Sitzkreis sitzen. Bei „Laternen“ knipsen die Kinder ihre Laterne kurz an.

Kerzenflammen-Song

Ein Tanzlied für mehr Lichtschein

ab 1 Jahr

Diesen Tanzsong können Sie schon mit den Kleinsten durchführen: Wer nicht stehen kann, macht einfach im Sitzen mit. Das Tanzlied stellt das Flackern und Brennen der Kerze nach.

Versammeln Sie sich mit den Kindern in einem lockeren Steh- oder Sitzkreis. Hier können die Kinder beispielsweise auch einfach auf dem Boden sitzen. Das Lied singen Sie einfach zur Melodie von „Funkel, funkel, kleiner Stern".

Kleine Kerze, leuchtest nicht,
dunkel ist noch dein Gesicht.

die Kinder halten sich die Hände vor das Gesicht und machen sich ganz klein

Komm, wir zünden dich heut an,
freuen uns an deinem Glanz.

die Kinder halten einen Finger hoch

Schau, wie schön dein Leuchten ist,
danke für dein Zauberlicht.

die Kinder richten sich im Sitzen oder stehen auf, machen sich ganz groß und beschreiben mit beiden Armen einen großen Kreis

Kleine Flamme, tanze schnell,
mach die Welt so schön und hell.

auf der Stelle hüpfen

Flacker groß und flacker klein,
wollen immer bei dir sein.

bei groß machen sich die Kinder groß, bei klein wieder ganz klein, beispielsweise indem sie in die Hocke gehen

Schau, wie schön dein Leuchten ist,
danke für dein Zauberlicht.

wie oben: aufrichten und einen Kreis beschreiben

Komm, wir bringen Glanz und Licht

Ein Tanzlied für die Laternenzeit

Ihre Kinder haben schon ihre Laterne? Dann macht dieses kleine Bewegungslied Spaß, bei dem die Kinder das Laternelaufen für den Umzug schon einmal üben können – samt kleiner Tanzeinlage.

Komm, wir bringen Glanz und Licht,
zaubern Lächeln ins Gesicht.
Einmal rund, einmal rund,
und schon lacht ein jeder Mund.

mit der Laterne im Raum laufen, bei „einmal rund" drehen sich die Kinder einmal um sich selbst im Kreis

Komm, wir bringen Glanz und Licht,
zaubern Lächeln ins Gesicht.
Einmal hin, einmal her,
Laternelaufen ist nicht schwer.

mit der Laterne im Raum laufen, bei „einmal hin/her" schwenken die Kinder ihre Laterne zur Seite und zurück

Komm, wir bringen Glanz und Licht,
zaubern Lächeln ins Gesicht.
Einmal vor, einmal rück,
und schon bringt ihr Freud' und Glück.

wie oben, bei „einmal vor/rück" gehen die Kinder einen Schritt vor und wieder zurück mit ihrer Laterne

Ruheideen und Rituale

Ein bisschen entspannen, nachdenken, dankbar sein und teilen: Rituale und Entspannungspausen nehmen den Druck aus der manchmal trubeligen Martinszeit. Wie wohl das tut, erfahren Sie hier.

Ein Gänsekuchen zum Teilen

Ein Ritual zum Schlemmen, Entspannen und Freundlichsein

Etwas miteinander zu teilen ist eine wunderschöne Erfahrung. Mit vielen Kindern gemeinsam einen Kuchen aufzuteilen: Das kann die Kinder in der Gruppe einander näherbringen. Passend zum Gänsekuchen können Sie auch eine der Geschichten aus diesem Heft vorlesen.

ab 3 Jahren

Das brauchen Sie

- **200 ml Milch oder Pflanzenmilch**
- **Noch etwas mehr Milch zum Bestreichen**
- **100 g sehr weiche Butter oder Margarine**
- **500 g Mehl**
- **Ein Päckchen Trockenhefe**
- **70 g Zucker**
- **Ein Päckchen Vanillezucker oder Mark von einer Vanilleschote**
- **Eine Prise Salz**
- **Zwei Eier**
- **Hagelzucker**
- **Rosinen**

Den Gänsekuchen backen

Die Milch leicht erwärmen. Die Butter oder Margarine können die Kinder darin etwas zergehen lassen. Mehl, Hefe, Zucker, Vanille und Salz in einer Schüssel vermischen. In die Mitte eine Mulde drücken und ein Ei hineingeben. Die Milch-Butter-Mischung dazugießen und alles mit einem Handrührgerät zu einem glatten Teig verkneten. Die Kinder decken ihren Teig gut ab und lassen ihn an einem warmen Ort mindestens 30 Minuten gehen, bis der Teig sich ungefähr verdoppelt hat. Kurz vor Beginn der Backzeit können Sie den Ofen auf 200 °C vorheizen (Umluft etwa 180 °C). Nun kann das Gestalten der Gans losgehen: Dazu formen die Kinder den Teig auf einer bemehlten Unterlage zu einer Rolle oder einem kurzen Wurm und nehmen etwa ein Viertel davon weg. Vom Rest des Wurms nehmen die Kinder noch einmal eine kleine, etwa walnussförmige Kugel ab. Dann formen die Kinder die große Teigrolle zu einem Gänsekörper, indem sie hinten ein Schwänzchen hochziehen. Ans andere Ende kommt das vorher abgenommene Viertel, das die Kinder zunächst zu einem Tropfen formen. Den Tropfen mit dem dicken Ende an den Gänsekörper legen und die Spitze als Schnabel noch etwas weiter nach vorne ziehen. Aus dem kleinen Restchen formen die Kinder einen Gänseflügel, den sie auf den Gänsekörper le-

gen. Ein Ei mit etwas Milch verquirlen und den Gänsekörper ganz damit einpinseln. Nun können die Kinder ihre Gans noch mit Hagelzucker bestreuen. Als Augen stecken die Kinder eine Rosine in den Kopf.
Die Gans muss nun etwa 25 Minuten (oder je nach Ofen auch etwas länger) backen, bis sie schön goldbraun ist. Gut abkühlen lassen.

Den Gänsekuchen gemeinsam schlemmen

Den abgekühlten Gänsekuchen legen Sie auf ein Tablett. Die Kinder versammeln sich im Sitzkreis. Bewundern Sie zunächst einmal ihr gemeinsames Backwerk. Dann geben Sie den Kuchen im Kreis herum. Jedes Kind darf sich ein Stück abreißen und den Kuchen dann weitergeben. Dabei sollen die Kinder selbst überlegen: Wie viel darf ich nehmen, damit die anderen auch noch etwas haben? Greifen Sie möglichst spät ein, falls die Kinder nicht gerecht teilen: Vorausschauend zu teilen ist für Kinder im Kindergartenalter entwicklungsbedingt noch nicht einfach – nicht nur in sozialer, sondern auch in kognitiver Hinsicht: Manche Kinder können Mengen noch nicht so gut einschätzen. Mit vorsichtigen Fragen können Sie die Kinder aufmerksam machen: „Glaubst du, dass so noch genug für die anderen Kinder übrig bleibt? Kannst du abschätzen, wie viel jeder ungefähr nehmen darf?“ Sie können auch ein Lied singen und jedes Kind kann sich für den leckeren Kuchen bei den anderen bedanken.

Unterwegs mit Sankt Martin

ab 4 Jahren

Eine Entspannungsgeschichte

Die Legende von Sankt Martin und dem Bettler kennen die Kinder. Aber es gibt noch viele, viele andere Legenden, die sich um Martin von Tours ranken, wahre und unwahre. Ob diese kleine Entspannungsgeschichte wahr ist, das müssen die Kinder selbst entscheiden. Als Fantasiereise in eine Winternacht ist sie aber eine gute Gelegenheit, um die eigene Fantasie auf die Reise zu schicken.

Das brauchen Sie

- **Matten oder Matratzen**
- **Nicht zu helle Lichtquelle**

Legen Sie gemeinsam mit den Kindern die Matten und Matratzen aus und sorgen Sie für ein gemütliches und nicht zu helles Licht. Die Kinder legen sich gemütlich zurück. Dann kann es schon losgehen. Lesen Sie die Geschichte vor. Am besten lesen Sie leise, um die Stille der Winternacht zu unterstreichen.

Eines Nachts war Sankt Martin wieder einmal mit seinem Pferd unterwegs. Schnee fiel leise, eine Eule rief irgendwo im Gebüsch und kleine Tiere raschelten auf dem Boden. Es war ziemlich kalt, aber Martin hatte ja seinen dicken, warmen Mantel und das Pferd sein dickes Fell. Langsam ritt er durch den Wald. Wieder rief die Eule. Es hörte sich an wie: „Huhu, Martin!“
Das kann doch nicht sein, dachte sich Martin. Eulen reden ja nicht mit Menschen. Er zuckte die Achseln und ritt weiter. Da wieder: „Huhu, huhu!“
Das Pferd zuckte mit den Ohren. Es hatte den Eulenruf auch gehört.
„Mal ganz leise!“, flüsterte Martin – und horchte in die Nacht.
„Huhuhuhuuuu!“, rief die Eule.
„Was willst du denn von mir?“, rief Martin in die dunkle Nacht.
Über ihm im Baum flatterte etwas und eine große, braun-weiße Eule ließ sich auf dem Ast direkt neben ihm nieder.
„Guten Abend“, sagte die Eule und räusperte sich.
Martin kniff die Augen zusammen und schüttelte den Kopf. Diese Eule redete mit ihm und räusperte sich? Er gab sich einen Ruck und antwortete: „Dir auch einen guten Abend!“, und

kam sich etwas seltsam vor. Die Eule schwieg. Der Schnee fiel leise, sonst war es ganz still.
„Eule?", fragte Martin, vorsichtig.
„Hu?", machte die Eule.
„Warum … ich meine, warum sprichst du denn mit mir?"
Die Eule hüstelte wieder.
„Es ist so, lieber Martin, wie du hörst, bin ich ein bisschen erkältet."
„Aha", sagte Martin.
„Ja, und mein Mann und ich, wir haben gerade unsere Eulenküken bekommen."
„Ja?", sagte Martin.
„Ja, die Kleinen husten auch ein bisschen."
„Oh", sagte Martin. „Das tut mir leid."
„Es ist ja auch so schrecklich kalt, nicht wahr?"
Die Eule schaute Martin erwartungsvoll an.
„Tja, es ist eben Winter", sagte Martin ratlos.
„Sehr kalt", wiederholte die Eule.
Da fiel Martin etwas ein.
„Willst du vielleicht ein Stück von meinem Mantel?", bot er der Eule an.
„Ach, wirklich sehr gern. So ein kleines Stück würde schon reichen, um es im Nest ein bisschen wärmer und gemütlicher zu machen. Das wäre wirklich nett!"
Martin schnitt mit seinem Messer ein Stück aus seinem Mantel und hielt es der Eule hin.
„Und vielleicht noch etwas Brot?", fragte sie.
Martin suchte in seinem Beutel nach Brot und etwas Käse. So bepackt flog die Eule davon.
Martin sah ihr ratlos hinterher. Hatte er wirklich gerade mit einer Eule gesprochen?
„Huhu, danke!", rief es aus der Nacht.
Martin ritt immer noch verwirrt nach Hause. Wahrscheinlich, überlegte er, hatte er sich alles nur eingebildet. Aber dann fiel sein Blick auf das kleine Loch in seinem Mantel …

Die Lichter gehen aus

Ein Mitmachgedicht zum Ruhigwerden

ab 3 Jahren

Bei diesem Klanggedicht geht es ums Verlöschen der Lichtchen nach dem Martinsumzug. Mit dem Dunklerwerden wird es im Gedicht auch immer leiser, bis zum Schluss alle entspannt dem Verklingen der Klangschale lauschen.

Das brauchen Sie

Instrumente-Vorschlag

- **Große Laternen: Schellenstäbe oder -armbänder**
- **Kleine Laternen: Rasseln**
- **Größte Laterne: Klangschale**

Spielen Sie den Kindern einmal die Geschichte mit allen Instrumenten vor. Dann steigen die Kinder mit ein: Sie entscheiden sich für ein Instrument: Rassel oder Schellenstab, und damit dafür, ob sie die großen oder die kleinen Laternen verklanglichen möchten. Ein Kind schlägt am Ende des Gedichts die Klangschale an. Die Instrumente können die Kinder im nächsten Durchgang tauschen. Je öfter Sie spielen, desto ruhiger können die Kinder werden. Lauschen Sie dem Verklingen des letzten Tons (der Klangschale) immer länger.

Die Laternen der Kinder: Sie brennen so schön,
doch bald heißt es schon: Auf Wiedersehen!

alle Instrumente spielen gemeinsam

Die Kinder tragen die Lichtchen nach Haus,
schlummern schon bald, die Lichter sind aus.

alle Instrumente spielen gemeinsam

Zuerst löschen die kleinen Laternen ihr Licht.
Psst, ganz leise, sonst hört ihr es nicht.

die kleinen Laternen/Rasseln werden immer leiser und verklingen schließlich ganz

Dann löschen die großen Laternen ihr Licht,
seid leise und still, sonst hört ihr das nicht.

die großen Laternen/Schellen werden immer leiser und verklingen schließlich ganz

Und ganz zum Schluss, schon tief in der Nacht,
hat die größte Laterne ihr Licht ausgemacht.

einmal die Klangschale anschlagen und dem Verklingen des Tons lauschen

Theater-ideen

Überraschen Sie die Familien an Sankt Martin doch mit einem Theaterstück. Auf den nachfolgenden Seiten finden Sie drei kurze Theaterstücktexte zur Auswahl. Inszenieren Sie ein Schwarzlicht-Theater, ein Leucht-Theater oder eines mit Stabpuppen.

Als der Mond nicht scheinen wollte

Ein Leucht-Theater mit Kindern

ab 2 Jahren

Sonne, Mond und Sterne passen prima in die Martinszeit. In alten Zeiten versuchte man die Sonne, die sich jetzt zur dunkelsten Zeit im Jahr nur selten blicken lässt, mit allerlei Magie und Zauber hervorzulocken. Vielleicht haben deshalb noch manche Laternen die Form von Monden oder Sonnen. In diesem kleinen Theaterstück unterstreichen Lichteffekte das Gezeigte.

Material

- Für jedes mitwirkende Kind ein LED-Lichtchen in einem schönen, selbst gestalteten Schälchen oder Einmachglas
- 1 große Mondlaterne mit Stab und Beleuchtung
- 1 Xylo- oder Metallfon
- 1 Klangschale mit tiefem Ton (mit Klöppel)

Rollen

- Erzähler (Erwachsene/r)
- Sterne (beliebig viele Kinder und Kolleg*innen)
- Mond (Kind oder Erwachsene/r)
- Instrumentbediener (Kind oder Erwachsene/r)

Bei diesem Leucht-Theater können Sie mit den Kindern selbst entscheiden, wie groß Sie Ihre Vorführung inszenieren möchten: Vielleicht genügt Ihnen eine Vorstellung im Sitzkreis für die Nachbargruppe oder die Eltern. Oder Sie bauen eine Bühne auf, verdunkeln den Raum und arbeiten mit echten Lichteffekten. Die Kinder müssen bei diesem Spiel nicht sprechen und sie müssen, wenn sie dies nicht möchten, auch nicht allein die Bühne betreten, weil ein Erzähler durch das Theaterstück führt und die Handlung von Licht und Klang mitgetragen wird.

Es war einmal eine dunkle, dunkle Nacht. Ganz still war es und fürchterlich dunkel. „Wann wird denn nur der Mond aufgehen?", fragten sich die Tiere im Wald. „Man kann ja gar nichts sehen!"

alles bleibt still und dunkel

Und auch die Menschen schimpften. Ständig stießen sie sich den Kopf oder stolperten über liegen gebliebene Spielsachen. Es war einfach viel zu dunkel.

alles bleibt still und dunkel, aber ein Kind oder Erwachsener ruft hinter der Bühne „Aua!"

Pssst, ganz leise. Ich glaube, ich höre etwas. Tatsächlich: Zwei kleine Sterne erschienen am Himmel und zündeten ihre Lichtchen an.

flüstern, zwei Kinder kommen mit ihren Lämpchen auf die Bühne und setzen sich dort hin, das Xylofon wird zweimal in zwei verschiedenen Tönen angeschlagen

„Ach, wie schön!", sagte die Eule beifällig und auch die anderen Tiere freuten sich. Da erschienen noch zwei weitere Sterne und nun wurde es schon etwas heller am Himmel.

zwei weitere Kinder kommen mit Lichtchen auf die Bühne und setzen sich dazu, zwei weitere Töne auf dem Xylofon

„Na, wenigstens sieht man mal ein paar Sternchen", sagten die Menschen, aber richtig zufrieden waren sie immer noch nicht. Leise, da höre ich doch schon wieder was? Noch ein paar Sterne erschienen, wie schön!

beliebig viele Kinder kommen auf die Bühne und nehmen Platz, weitere Töne auf dem Xylofon

Die Sterne strengten sich wirklich an, aber so richtig hell wurde es am Himmel nicht. Der Mond fehlte einfach. Sagt mal, ihr Sterne, warum lässt sich denn der Mond nicht blicken? Was? Ein Stern fehlt noch?

Erzähler beugt sich zu den Sternen hinab

Ach, da ist er ja.

ein Kind kommt mit Lichtchen auf die Bühne und setzt sich dazu, ein Ton auf dem Xylofon

Jetzt könnte doch der Mond … Noch ein Stern fehlt?

noch ein Kind kommt auf die Bühne gerannt, keucht und setzt sich dazu, ein ganz heller Ton auf dem Xylofon

Gut, dann warten wir jetzt auf den …

noch ein Kind kommt mit seinem Lichtchen, ein ganz leiser Ton auf dem Xylofon

Gut, jetzt sind ja alle Sterne da. Oder? Dann rufen wir jetzt gemeinsam den Mond: Lieber Mond, komm und scheine für uns!

gemeinsam mit den Zuschauern rufen

Und so kam der Mond doch noch durch die Wolken und erleuchtete die Nacht.

der „Mond" kommt auf die Bühne, dazu erklingt die Klangschale einmal laut

Die Tiere freuten sich und jubelten, die Menschen stießen sich nicht länger Köpfe und Zehen und die Nacht wurde die hellste Nacht seit langer Zeit. Und damit ihr auch etwas Licht mit nach Hause nehmen könnt, schenken wir euch etwas von unserem! Vielen Dank!

das Licht geht an, die Kinder verlassen die Bühne und schenken den Eltern ihre Lichtchen

Streit am Himmel

Ein Schwarzlicht-Theaterstück mit Sonne, Mond und Sternen

Ein effektvolles Theaterstück für Ihr Lichterfest gesucht? Dieses Theaterstück können Sie (müssen Sie aber nicht!) bei Schwarzlicht vorführen. So kommt die Leuchtkraft der Himmelskörper, die hier einen Streit anfangen, besonders schön zur Geltung.

Das brauchen Sie

- **Abgedunkelter Raum**
- **Zwei oder drei Schwarzlichtröhren oder Schwarzlicht-LEDs**
- **Schwarzlicht-Make-up**
- **Nach Wunsch: flüssige Schwarzlicht-Bastelfarbe in einer Farbe Ihrer Wahl**

Rollen:

- **Der Mond (ein Kind mit weiß geschminktem Gesicht und weißem Pulli)**
- **Die Sonne (ein Kind mit orange geschminktem Gesicht und hellgelbem Pulli)**
- **Viele Sterne (Kinder mit leicht geschminkten Gesichtern und weißen Streifen aus Schwarzlichtfarbe auf der Kleidung)**
- **Die Wolke (ein Kind, nur die Nase und die Augen sind geschminkt, das eine ausgeschnittene Wolke hochhält, die mit Schwarzlichtfarbe bemalt oder einfach weiß ist)**

Vorbereitung

Dunkeln Sie den Raum etwas ab, denn das Schwarzlicht funktioniert nur dann, wenn kein Sonnenlicht einfällt. Es ist ausreichend, wenn nur die Bühne mit Schwarzlicht bestrahlt ist. So müssen Sie nicht so viele Schwarzlichtlampen einkaufen. Bei den Zuschauern kann elektrisches Licht brennen, damit sich jüngere Kinder nicht fürchten.

Es war einmal ein schöner, runder, dicker Mond.

der Mond betritt die Bühne und verbeugt sich

Der Mond war ein netter, gemütlicher Kerl, der den Menschen gern sein sanftes Licht schickte.

der Mond winkt

Und es war einmal eine freundliche, dicke Sonne.

die Sonne kommt auf die Bühne und dreht sich einmal um sich selbst

Die Sonne war bei allen beliebt, außer wenn es im Sommer einmal ganz, ganz heiß war.

die Sonne winkt

„Also, ich bin ja immer gleich schön und dick und rund“, sagte die Sonne und stolzierte in ihrer leuchtenden Pracht vor dem Mond auf und ab. „Aber du wirst nur etwa alle 28 oder 29 Tage so rund und manchmal bist du so gut wie gar nicht zu sehen.“

die Sonne stolziert auf der Bühne umher

Das fand der Mond nicht sehr nett. Er stützte die Arme in die Seite und antwortete: „Na und? Dafür kannst du nur am Tag scheinen, aber ich scheine in der Nacht und manchmal kann man mich auch bei Tag am Himmel entdecken. Ich bin eben viel wichtiger als du.“

der Mond stützt die Arme in die Seite

Da war die Sonne sprachlos. Sie rief die Sterne herbei, um sich Rat zu holen.

die Sonne winkt die Sterne herbei, die jetzt auf die Bühne laufen und sich hinsetzen

„Wir Sterne“, riefen die Sterne, „scheinen im Morgengrauen, im Abendlicht und natürlich nachts. Wir sind am allerschönsten, denn unser Licht blendet nicht, macht nicht heiß, trocknet keine Pflanzen aus und nimmt nicht ab oder zu, sondern es ist immer gleich!“ Dazu führten die Sterne einen kleinen Sternentanz auf.

Sterne stehen auf und tanzen leise und sanft auf der Bühne

Es war klar: Jeder Himmelskörper fand sich selbst am tollsten.

alle stehen still: Mond mit Armen in der Seite, Sonne mit verschränkten Armen, Sterne setzen sich wieder

Beinahe hätten die Sterne, die Sonne und der Mond einen richtigen Krach bekommen. Da kam eine dicke, schwere Wolke herbei.

die Wolke kommt auf die Bühne

Die Wolke ließ sich gemütlich am Himmel nieder und lachte die anderen aus: „Ihr braucht gar nicht zu streiten!“, sagte die Wolke, „denn wenn ich komme, sieht man keinen von euch mehr!“

Wolkenkind wackelt mit seiner Wolke

Das fanden die Himmelslichter nicht nett. Denn sie wollten ihr Licht ja nach unten auf die Erde zu den Menschen schicken. Sie schoben die Wolke mit vereinten Kräften weg und von nun an stritten sie nicht mehr.

Wolke wird von der Bühne geschoben

Oder nicht mehr so oft. Aber falls ihr einmal eine Wolke am Himmel seht, so könnte es sein, dass dort oben wieder gestritten wird.

alle kommen auf die Bühne und verbeugen sich

Eines Nachts …

Ein Stabpuppentheater in Reimform

ab 5 Jahren

In diesem Reimtheater wird die Geschichte von der berühmten Mantelteilung erzählt, die so in keinem Buch steht. Statt mit Stabpuppen können Sie diese Reime auch als Klangtheater vorführen und dann Sankt Martin, Pferd, Gans und Bettler je ein Instrument zuteilen. Hier finden Sie eine Variante mit Puppen.

Das brauchen Sie

- Eine Stabpuppe für Sankt Martin (Stab mit Reiter und Pferd)
- Eine Stabpuppe für einen Baum (Baum an einem Stab)
- Eine Stabpuppe für die Gans (Gans an einem Stab)
- Eine Stabpuppe mit einer Stadtkulisse (Dächer, Stadttor, Kirchturm)
- Eine Stabpuppe für den Bettler (Bettler an einem Stab)

Eines Nachts, es war eisig und kalt,
ritt Sankt Martin durch den Wald.

Stabpuppen von Reiter und Pferd sowie Baum hochhalten

Sein Pferd mit dem Namen „Schnauf“ war sehr schlau,
doch glitschig waren die Wege, eisig und rau.

wie oben

Dazu war es dunkel und kein Mond war zu sehen,
schwierig zu reiten und noch mehr zu gehen.

wie oben

Da saß am Wegrand ein Tier, grau und klein,
das Pferd hielt kurz an. Wer mochte das sein?

die Stabpuppe Gans mit dazu hochhalten

„Wie kommen wir bloß zurück in die Stadt?“,
fragte das Pferd, ermüdet und matt.

wie oben

„Ich bin eine Gans!“, so schnattert das Tier.
„Ich kenne den Weg, gern helfe ich dir!“

wie oben

Es fliegt nun voraus, Sankt Martin dahinter,
so reiten sie zu dritt nun durch den Winter.

Stabpuppen Gans und Reiter mit Pferd bewegen

Kurz vor der Stadt winkt die Gans, fliegt nach Haus,
doch die Geschichte ist jetzt noch nicht aus.

Stabpuppe Baum wegnehmen, dafür die Stadt hochhalten

Im Schnee sitzt ein Bettler, der zittert so sehr,
was wird jetzt passieren: Wisst ihr’s nicht mehr?

Stabpuppe Bettler hochhalten

Sankt Martin hat ihm ein Stück Mantel gegeben,
was für ein Glück, was für ein Segen!

Stabpuppen Bettler und Reiter mit Pferd hochhalten

Doch ohne die Gans wär’ das nicht passiert,
dass Sankt Martin ein Stück vom Mantel verliert.

wie oben

Gut zu wissen!

Sankt Martin in der Legende und im Brauchtum

Die wahrscheinlich historische Figur Martin von Tours (lateinisch Martinus) wurde 316 oder 317 in Savaria (heute Szombathely, Ungarn) geboren. Sein Vater war dort römischer Offizier. Er selbst schlug eher ungern die Laufbahn eines Soldaten ein. Sein Beruf führte ihn durch Italien, durch Frankreich und auch nach Deutschland (beispielsweise Trier). 372 wurde er in Tours zum Bischof geweiht. Mit 81 Jahren starb Martin. So weit die historischen Daten. Die Geschichten und Legenden von Martin sind zahlreich und manchmal auch sehr heiter. Die bekannteste ist die Geschichte von der Mantelteilung, die in diesem Heft in vielen Varianten vorkommt. Hier finden Sie noch weitere Details zu Martin und dem Martinsbrauchtum.

Die Gänse melden sich zu Wort

Was haben Gänse denn mit der Martinszeit zu tun? Vielleicht, dass im Spätherbst ein Teil der Hausgänse getötet und verspeist wurden, damit man sie nicht den Winter über füttern musste? Die Legende erzählt, dass Martin sehr bescheiden war, sich nicht nach großen Ämtern oder Berühmtheit sehnte und sehr sparsam in einer Hütte an der Stadtmauer wohnte. Als Gesandte kamen, um ihm das Amt des Bischofs anzubieten, versteckte er sich in einem Gänsestall vor ihnen. Die Gänse allerdings begannen so laut zu schnattern, dass er gefunden wurde.

Sankt Martin wird bekannt

Martins Nachfolger als Bischof war Gregor von Tours. Der Gelehrte verfasste unter anderem auch mehrere Bücher über Martin. Damit wurde die Verehrung Martins im frühen Mittelalter populär. Der damalige König, der Frankenkönig Chlodwig, erhob Martin nachträglich zum Nationalheiligen und Schutzherrn. Noch heute ist der heilige Martin ein Schutzpatron Frankreichs. Der sagenumwobene Mantel (lateinisch: *cappa*) wurde von den nachfolgenden Königen in einem kleinen Raum aufbewahrt, der nach dem Mantel den Namen Kapelle bekam.

Der 11. November

Als Gedenktag des Heiligen legte man den 11. November fest, der auch Martinstag heißt. An diesem Tag soll der Heilige zu Grabe gelegt worden sein. Traditionell veranstalten vor allem die Kinder an diesem Tag Laternenumzüge. Aber auch das Martinssingen, bei dem Kinder von Tür zu Tür gehen, ist in vielen Regionen verbreitet. In eher evangelischen Gebieten verbindet sich der Martinsbrauch auch mit dem Gedanken an Martin Luther, der am 11. November getauft wurde.

Dekoration & Rezepte

Schmücken Sie am Martinsumzug doch auch die Bäume rund um die Kita mit Lichtchen! Oder Sie gestalten kleine Laternchen für die Tische. Darf es für die Gäste einmal ein süßes Stockbrot sein? Oder doch lieber ein lecker Martinspunsch? Hier gibt es noch mehr tolle Ideen für Feste in der Martins- oder Lichterzeit.

Süßes Stockbrot

Ein Lagerfeuerrezept zum Dahinschmelzen

Sie haben in diesem Jahr ein großes Martinsfeuer geplant? Mit allem Drum und Dran, und auch für Feuerwehrbegleitung gesorgt? Dann nutzen Sie das heruntergebrannte Feuer noch für Stockbrot!

Das brauchen Sie

- **Hefeteig (eingekauft oder selbst gemacht)**
- **Braunen Zucker**
- **Vanillezucker**
- **Zimt**
- **Viele lange, selbst gesammelte Stöcke**
- **Schnitzmesser**

Im Vorfeld – also einige Tage vor dem großen Fest – können Sie mit den Kindern im Wald auf die Suche nach herabgefallenen Ästen und Zweigen gehen. Wählen Sie am besten Buchenäste aus und achten Sie darauf, dass die Äste und Zweige nicht von Parasiten befallen, nicht schimmelig und nicht zu nass sind. Die Rinde können die Kinder falls nötig im vorderen Teil unter Aufsicht mit Schnitzmessern etwas entfernen. Die Stöcke lagern Sie bis zur Verwendung in einem absperrbaren Raum, wo sie weiter trocknen können.

Am Tag des Festes bereiten Sie den Teig zu oder stellen eingekauften Teig bereit. In einer breiten Kunststoffschale mit Deckel mischen Sie braunen Zucker, Vanillezucker und etwas Zimt. Die Kinder können nun kleine Streifen Teig um ihre Stöcke wickeln und dann die Stöcke mit dem umwickelten Ende in der Zucker-Zimt-Mischung wälzen. Dann ans Feuer halten. Das süße Stockbrot ist fertig, wenn sich der Teig goldbraun färbt und der Zucker an der Oberfläche leicht karamellisiert.

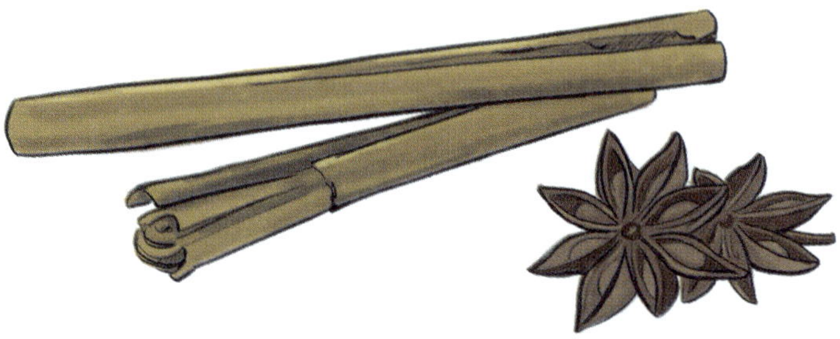

Martinspunsch

Ihr hausgemachter Kita-Punsch

Was wäre ein Laternenumzug ohne einen leckeren Kinderglühwein oder Kinderpunsch? Überraschen Sie die Kinder und Ihre Eltern doch einmal mit diesem ganz besonders leckeren Aufwärmer. Dieses Rezept kommt ohne Zucker und Honig aus und weil der Punsch nicht gekocht wird, bleiben sogar noch einige Vitamine erhalten.

Zutaten (für etwa 20 Personen)

- **1 l Früchtetee**
- **1 l Apfelsaft**
- **2 l Holunderbeerensaft**
- **Ausgepresster Saft von 2 Orangen**
- **Saft und Schale einer Bio-Zitrone**
- **3 Stangen Zimt**
- **4 Gewürznelken**
- **2 Sternanis**
- **1 Teefilter**

Den Früchtetee zubereiten. Früchtetee, Apfelsaft und Holunderbeerensaft in einen großen Topf geben. Den Orangensaft dazugeben. Die Zitrone abwaschen, die Schale abschälen und mit in den Topf geben. Das Zitronenfruchtfleisch zuerst in Scheiben, dann in Achtel schneiden und als Deko beiseitestellen. Die Zimtstangen, Nelken und den Anis in einen Teefilter geben und in den Topf hängen. Die Mischung im Topf erwärmen, aber nicht zum Kochen bringen, damit die Vitamine im Holunderbeerensaft erhalten bleiben. Vor dem Servieren/Ausschenken den Teefilter und die Zitronenschale entfernen und die Zitronenstückchen hineingeben.

Wärm dich lecker auf!

Ein Gewürztee zum Aufwärmen und Krafttanken

Dieser Tee tut immer gut: Nach dem Laternenumzug, im Morgenkreis, wenn noch nicht alle wach sind, wenn man friert oder einfach, wenn Sie es sich mit den Kindern so richtig gemütlich machen möchten.

Das brauchen Sie

- Losen Früchtetee ohne Aromen
- 1 großer Teebeutel
- Eine Kanne
- Tassen
- 1 Zimtstange
- 1 Sternanissternchen
- 2 Kardamomkapseln
- 2 Gewürznelken
- Ein Tablett

Zeigen Sie den Kindern die Zimtstange, die Sternanissternchen, die Kardamomkapseln und die Gewürznelken auf einem Tablett. Die Kinder können sich in Ruhe durch die Gewürze hindurchschnuppern. Was riecht gut? Was eher nicht? Wie heißen diese Gewürze und woher kommen sie wohl?
Dann kann es losgehen: Füllen Sie drei Teelöffel vom Früchtetee und die Gewürze in den Teebeutel und hängen Sie ihn in die Teekanne. Füllen Sie alles außer Reichweite der Kinder mit kochendem Wasser auf, sodass der Teebeutel gerade so bedeckt ist, und lassen Sie alles sechs bis acht Minuten ziehen. Danach nehmen Sie den Teebeutel heraus und füllen die Kanne mit kaltem Wasser auf. So ist der Tee nicht mehr so heiß und die Kinder können ihn noch warm, aber ohne Verletzungsgefahr sofort trinken. Gönnen Sie sich auch selbst eine Tasse!

Tipp

Auch Ihre Kolleginnen freuen sich über diesen tollen Tee. Für die Erwachsenen können Sie noch ein etwa daumengroßes Stück Ingwer mit in die Kanne legen. Kreieren Sie mit den Kindern doch ihren eigenen Aufwärm-Tee und servieren Sie ihn nach dem Laternengang den Familien.

Süße Laternen

Eine Schlemmerei aus Hefegebäck

Laternen kann man nicht essen? Diese schon, denn sie sind aus süßem Hefeteig und duften durch die ganze Kita. Wie wäre es, wenn Sie mit den Kindern eine größere Menge backen und sie nach dem Umzug zum Punsch servieren?

ab 3 Jahren

Zutaten für etwa zehn Laternchen

- **500 g Weizenmehl**
- **1 Würfel frische Hefe**
- **60 g Zucker**
- **¼ l lauwarme Milch**
- **80 g weiche Butter**
- **1 Tütchen Vanillezucker**
- **2 Eier**
- **2 Esslöffel Milch**
- **Hagelzucker**
- **Rosinen oder Mandeln ohne Haut**

Das Mehl in eine große Schüssel geben, in die Mitte eine Mulde drücken. Die Hefe hineinbröseln, mit einem Teelöffel den Zucker und etwas von der lauwarmen Milch verrühren. Etwa 15 Minuten gehen lassen, dann die übrigen Zutaten bis auf eines der Eier, zwei Esslöffel Milch, Hagelzucker und Rosinen oder Mandeln dazugeben und alles mit den Knethaken des Handrührgerätes verkneten, bis ein glatter Teig entsteht. Den Teig noch einmal 30 Minuten an einem warmen Ort ruhen lassen. Den Teig in etwa zehn gleich große Teile aufteilen. Die Kinder formen aus ihren Teigstücken Laternen, beispielsweise einfach in Kugelform, länglicher oder ovaler Form oder sie formen kleine Tiere daraus. Die Kinder können ihre Laternen auch mit eingeritzten Mustern versehen. Das Ergebnis muss nicht perfekt aussehen!

Alle Laternchen kommen auf mit Backpapier belegte Bleche. Das Ei mit der Milch verquirlen und die Stücke damit bepinseln. Rosine oder Mandel als Lichtchen oder Kerzenflamme aufstecken und den Hagelzucker darüberstreuen. Im vorgeheizten Ofen auf der mittleren Schiene bei 180 °C etwa 20 Minuten backen. Nach dem Backen in jedes Laternchen nach Wunsch einen Zahnstocher als Laternenstab stecken. So lassen sich die Laternchen besser essen.

Mini-Windlichter für die Bäume

Eine Deko-Idee für das Kita-Außengelände

Falls es in diesem Jahr trocken ist, wenn Sie zum Lichterfest oder zum Laternegehen einladen, dann empfangen Sie die Familien doch im Kita-Garten, den sie mit Lichtchen schmücken. Diese Idee funktioniert zwar nur an trockenen Tagen, aber dafür verwandeln Sie das Außengelände in ein kleines Lichtermeer und es ist ganz günstig gemacht.

ab 4 Jahren

Material

- Kleine Einmachgläschen ohne Deckel
- Teelichtchen oder LED-Lichter
- Nach Wunsch: Feuerzeug
- Kordel
- Basteldraht
- Nach Wunsch: Fingerfarben
- Schere
- Zange

Die Einmachgläschen sauber auswaschen und trocknen lassen. Oben um den „Hals" der Gläser Kordel oder Basteldraht führen und eine längere Schlaufe zum Aufhängen knoten. Daran die Gläschen in die Äste und Zweige der Bäume hängen. Vorher befüllen die Kinder die Gläschen natürlich mit LED-Lichtchen oder Sie selbst gehen mit ans Werk und können dann Teelichter einsetzen. Die Mini-Lämpchen sehen auch an Dachrinnen, Türen und Überdachungen gut aus.

Tipp

Nach Wunsch können die Kinder die Gläser auch mit bunten Fingerfarben bemalen. Vielleicht darf sich jede Familie am Ende des Abends ein Lichtchen mit auf den Heimweg nehmen?

Turbo-Laterne

Drei Ideen, um einen Laternenrohling aufzupeppen

Wie bekommt man in zehn Minuten eine Laterne hin? Mit einer der häufig im Spielwarenhandel angebotenen Mond- oder Sonnenlaternen ist das ganz einfach: Dieses Null-acht-fünfzehn-Modell peppen Sie mit wenigen Materialien auf.

ab 5 Jahren

Material

- **1 runde Laterne mit Stab und Beleuchtung**
- **Flüssiger Klebstoff**
- **Schere**
- **Idee 1: Muffinförmchen in Weiß, rotes oder orangefarbenes Tonpapier, schwarze Wasserfarbe oder schwarzen Filzstift**
- **Idee 2: Bunte Federn, Tonpapier in Orange oder Gelb**
- **Idee 3: Ausrangierte CDs, kleiner Hammer**

Idee 1

Den Rohling rundherum mit flüssigem Klebstoff bestreichen. Weiße Muffinförmchen dicht an dicht mit dem Boden nach unten aufkleben, bis ein „weißer Ball" entsteht. Sie können die Laterne so lassen (sieht sehr stylish und schick aus) oder Sie machen eine Gänselaterne daraus, indem Sie vorne einen Schnabel aus rotem oder orangefarbenem Tonkarton und unten lange Gänsefüße ankleben. Als Augen malen die Kinder einfach den Boden von zwei Muffinförmchen in Augennähe schwarz an.

Idee 2

Ein echter Feuervogel entsteht, wenn die Kinder überall rund um die Laterne bunte Federn aufkleben. Auch hier können die Kinder zusätzlich Schnabel und Vogelfüße ergänzen.

Idee 3

Das machen die Kinder bestimmt gerne: Mit einem kleinen Hammer CDs in viele kleine Stücke zertrümmern. Die CD-Stücke rund um die Laterne aufkleben, sodass sie wie eine Disco-Glitzerkugel aussieht. Achtung: Die CD-Teile könnten scharfe Kanten haben. Falls nötig können die Kinder mit Handschuhen arbeiten.

Noch mehr Glamour

Zusätzlich können die Kinder noch eine batteriebetriebene Lichterkette in die Laterne hänge. Es gibt auch Lichterketten, die man auf „Flimmern" (ständiges An- und Ausgehen) einstellen kann.

Blätter-Tischlicht

Eine Gestaltungsidee mit dem letzten Herbstlaub

Dieses schnell gemachte kleine Lichtchen taucht ihren Tisch in wunderschönen Kerzenschein. Die Kinder können es ohne viel Hilfe fast ganz allein herstellen.

ab 4 Jahren

Das brauchen Sie

- **Kleine Herbstblätter**
- **Klebestreifen oder doppelseitiges Klebeband**
- **Bastelfarben, etwa in Orange**
- **Dicke Pinsel**
- **Teelichter**
- **Kordel oder Geschenkband, ebenfalls in Orange oder Dunkelrot/Braun**
- **Kleine Gläser (etwa ausrangierte Einmachgläser ohne Deckel)**

Auf einem Spaziergang sammeln Sie mit den Kindern kleine Herbstblättchen, etwa Birken- oder Ginkoblätter. Auch Blüten oder andere kleine Blätter eignen sich. Mit dem doppelseitigen Klebeband oder mit Klebestreifen, die zu einem Ring gebogen sind, kleben die Kinder die Blätter auf ihr Glas. Dann alles mit Bastelfarbe, etwa in Orange, betupfen. Gut trocknen lassen. Nach dem Trocknen die Blätter vorsichtig abnehmen. Als Schmuck können die Kinder mit Ihrer Hilfe noch ein kleines Band oben um das Glas wickeln. Dann ein Teelicht oder LED-Lichtchen einsetzen, anzünden und den schönen Lichtschein genießen.

Tipp

Schön sieht es aus, wenn die Kinder an die Enden des Bandes je eine farblich passende Bastelperle aufstecken und dann das Band gut verknoten, damit die Perle nicht abrutscht. Toll wird das Glas auch, wenn die Kinder es mit zwei ähnlichen Farben (Orange und Rot oder Braun und Orange) betupfen. Statt Farben zu benutzen, können die Kinder ihr Glas auch mit größeren Blättern und Kleister bekleben. Durch die welken Blätter scheint das Licht ebenfalls sehr schön.

Nikolaus

Juhu, der Nikolaus kommt! Das Fest am 5. oder 6. Dezember ist immer eine besondere Erfahrung für die Kinder. Denn anders als das Weihnachtsfest feiern Sie den Nikolausabend oder Nikolaustag nicht allein in den Familien, sondern auch in der Kita. Um den Nikolaus standesgemäß zu begrüßen, finden Sie in diesem Kapitel Lieder, Gedichte und ein kleines Theaterstück. Und auch Kreisspiele laden die Kinder dazu ein, sich mit der Figur des Nikolaus' auseinanderzusetzen und mögliche Ängste vor dem Nikolaus abzubauen. Sie müssen keine große Feier veranstalten, um den Kindern zur Nikolauszeit eine kleine Freude zu machen. Fest steht: Die Nikolauszeit steigert die Vorfreude auf das Weihnachtsfest.

Nikolaus-spiele

Aufpassen, erinnern können, sortieren: Diese Selbst-mach-Spiele machen nicht nur Spaß und erhöhen die Vorfreude, die Kinder können zudem ihre kognitiven und visuellen Fähigkeiten fördern.

Fünf Zwerge und der Nikolaus

Ein Fingerspiel für den Morgenkreis

Ein einfaches und kurzes Fingerspiel für die Nikolauszeit ist dieses Beispiel, bei dem schon die jüngeren Kinder mitmachen können.

Fünf Zwerge freuen sich auf den Nikolaus,
gucken schon suchend zum Fenster hinaus.

die Hand mit den fünf Fingern zeigen

Der erste Zwerg, der sieht ihn gehen,

den Daumen hochhalten

der zweite kann ihn auch schon sehen.

den Zeigefinger dazu hochhalten

Der dritte öffnet die Tür ganz weit,

den Mittelfinger dazunehmen

der vierte macht sich zum Singen bereit.

den Ringfinger auch dazunehmen

Der kleinste Zwerg, der ruft aus dem Haus:

den kleinen Finger dazunehmen

„Komm rein zu uns, lieber Nikolaus!"

winken

Von Hasen, Bären und Mäuschen

Ein Kniereiter aus dem Wald

Dieser Kniereiter verbindet das Schaukeln und Wiegen auf den Knien mit weiteren Bewegungen und erzählt eine kleine Geschichte: Der Nikolaus bringt hier Geschenke für die Tiere im Wald. Und die kommen angehüpft und angeflogen, um sich ein feines Häppchen zu sichern.

ab 1 Jahr

Der Nikolaus, der kommt schon bald:
bringt Geschenke und Fressen
für die Tiere im Wald.

Kind auf den Schoß nehmen und gut festhalten

Die Hasen hoppeln zum Nikolaus hin,

Kind auf den Knien leicht hüpfen lassen

das haben auch Bär und Rehe im Sinn.

Kind nur leicht wiegen

Die Eichhörnchen hüpfen von Bäumen herab,

Kind heftig hüpfen lassen

Wildschweine nähern sich in wildem Trab.

Kind hüpfen lassen

Eulen flattern von oben dazu,

gemeinsam Flatterbewegungen mit den Armen machen

dicke Raben fliegen mit ganz viel Ruh'.

gemeinsam ganz langsame Flatterbewegungen machen

Als Letztes kommt ganz schön gewitzt
ein Mäuschen aus seinem Loch geflitzt.

ganz schnell das Kind hüpfen lassen

Doch – hoppla! – das stolpert im Schnee,

Kind zwischen die Knie rutschen lassen

doch es steht wieder auf, nichts tut ihm weh.
Juhu, jetzt gibt es Geschenke und Fressen,
der Nikolaus hat's nicht vergessen.

gemeinsam Applaus klatschen

Was kommt in den Sack?

Ein Auflege- und Sortierspiel mit Nikolausgaben

Dieses Rätselspiel können Sie oder die Kinder schnell selbst herstellen. Sie brauchen eigentlich nur etwas „Apfel, Nuss und Mandelkern“, Stifte und einen großen Bogen Papier.

Das brauchen Sie

- **1 großen Bogen Tonkarton oder Tonpapier (etwa DIN A3)**
- **Nach Wunsch: Laminiergerät und -folien (DIN-A3-geeignet), alternativ durchsichtige Selbstklebefolie**
- **Filzstifte**
- **Nikolausmaterialien: Erdnuss, Haselnuss, Walnuss, Mandel (jeweils noch in der Schale), kleiner Apfel, Mandarine, Orange, kleiner Schokonikolaus**
- **Körbchen oder Säckchen**

Schneiden Sie aus dem Tonkarton- oder Papierbogen einen großen Sack (mit möglichst wenig Papierabfall) aus. Die Kinder legen einen Gegenstand, etwa die Erdnuss, auf den Sack (das Tonpapier oder den Tonkartonbogen im Sackformat) und umfahren den Gegenstand möglichst genau mit einem dunklen Filzstift, sodass sein Umriss erscheint und gut zu erkennen ist. Das machen Sie mit allen weiteren Nikolausgegenständen. Nun können Sie das Blatt laminieren und die Gegenstände im Körbchen oder im Säckchen sammeln. Die Aufgabe für die Kinder ist nun, die Gegenstände korrekt und passgenau auf die Felder aufzulegen. Für jüngere Kinder ist das eine noch recht knifflige Aufgabe. Ältere Kinder können schwierigere Rätsel-Säcke bekommen (mehr und doppelte Gegenstände).

Wer klopft denn da?

Ein lustiges Kreisspiel für die Wartezeit

ab 3 Jahren

Viele Kinder in einer großen Runde, etwa am Tisch, sind Voraussetzung für dieses lustige Ratespiel. Sie können es darum nicht nur im Morgenkreis, sondern auch kurz vor dem Essen spielen – etwa, um Wartezeiten zu überbrücken.

Das brauchen Sie

- **1 Erd- oder Haselnuss**

Setzen Sie sich mit den Kindern an einen Tisch. Alle Kinder und auch Sie selbst nehmen die Hände unter die Tischplatte. Am besten sitzen alle nah am Tisch, sodass man nicht sehen kann, ob und wer unter dem Tisch die Hände bewegt. Nun beginnen Sie oder ein/e Kolleg*in und klopfen von unten gegen die Tischplatte. Fragen Sie laut: „Wer war denn das? Habt ihr gehört, der Nikolaus klopft an!"
Die Kinder können nun raten und dabei werden sie natürlich darauf kommen, dass Sie selbst oder ein/e Kolleg*in geklopft hat.
In der nächsten Runde ist ein Kind der Nikolausdetektiv. Es stellt sich neben den Tisch und muss gut aufpassen. Nun geben Sie die Hasel- oder Erdnuss unter dem Tisch in die Hand eines neben Ihnen sitzenden Kindes. Dieses Kind gibt sie wieder weiter an den Nachbarn und so weiter. Wenn Sie „Nikolaus, wo bist du denn?" rufen, klopft das Kind, das die Nuss gerade in der Hand hält, unter dem Tisch gegen die Tischplatte, aber nur einmal! Errät der Nikolausdetektiv, wo der Nikolaus ist (welches Kind geklopft hat)? Das Kind, das der Nikolausdetektiv für den Nikolaus hält, zeigt seine Hände vor: Liegt die Nuss darin, hat der Detektiv richtig geraten. Clevere Kinder führen ihre Mitspieler in die Irre, indem sie mit einem lang ausgestreckten Arm klopfen oder indem sie beim Weitergeben die Arme kaum merklich bewegen. In der nächste Runde ist das Kind, das geklopft hat, der Nikolausdetektiv.

Variation

Zu einfach? Dann geben die Kinder die Nuss weiter und auf die Frage „Nikolaus, wo bist du denn?" wird diesmal nicht geklopft, sondern nur besonders gut beobachtet. Erraten die Kinder auch jetzt, wo sich die Nuss befindet?

Lauter gute Sachen

Eine Reimgeschichte mit Fingerbegleitung

ab 3 Jahren

Auch Drachen freuen sich auf den Nikolaus. Denn jedes Jahr um die Nikolauszeit besucht der Nikolaus sie in ihrem fürchterlichen Wald. In dieser Reimgeschichte erzählen die Kinder mithilfe ihrer Finger, was die Drachen alles vom Nikolaus bekommen – und lernen dabei die typischen Nikolausgeschenke Apfel, Nuss und Mandelkern kennen.

Heute freuen sich im Wald fünf gefährliche Drachen
auf lauter leckre Nikolaussachen.

die Hand mit den fünf Fingern hochhalten

Der erste stellt den Teller auf,
der Nikolaus legt hier Nüsse drauf.

den Daumen hochhalten und damit wackeln

Der zweite stellt seine Schuhe raus,
schon gucken Orangen und Mandarinen heraus.

den Zeigefinger hochhalten und damit wackeln

Der dritte Drache schläft einfach ein,
doch Nik'laus bringt trotzdem Schokolade herein.

mit dem Mittelfinger wackeln

Der vierte Drache hängt Socken an die Leine,
der Nikolaus bringt ihm Äpfel, ganz feine.

mit dem Ringfinger wackeln

Der fünfte Drache hat das Rausstellen vergessen,
bekommt er wohl trotzdem noch etwas zu essen?

mit dem kleinen Finger wackeln

Tatsächlich, im Wald in ganz kleinen Taschen,
liegt auch für ihn etwas Leck'res zu naschen.

den kleinen Finger hochhalten und damit wackeln

Da freuen sich die Drachen und speien ein Feuer,
schön warm hat's der Nik'laus nun bei den Ungeheuern.

das Feuerspeien nachmachen, in die Hände klatschen

Was kullert denn da aus dem Sack?

Ein Aufpass- und Gedächtnisspiel

ab 3 Jahren

Zählen, gut hinschauen, sich alles genau merken und ein bisschen schauspielern: Das alles trainieren die Kinder bei diesem Nikolausspiel im Morgenkreis. Das Material können Sie je nach Vorrat und Ideen der Kinder immer wieder austauschen, sodass das Spiel stets interessant und neu bleibt.

Das brauchen Sie

- **1 Säckchen aus Jute, Rupfen oder Filz**
- **2 Zapfen**
- **1 kleinen roten Apfel**
- **1 Mandarine**
- **3 Walnüsse**
- **5 Erdnüsse**
- **4 Haselnüsse**
- **2 Strohsterne**
- **1 kleine Weihnachtskugel**
- **Zusätzliches Material nach Vorrat und Ideen der Kinder**
- **Nach Wunsch: ein großes Tuch**

Sammeln Sie alle Materialien im Säckchen. Ein Kind spielt nun den Nikolaus und leert das Säckchen auf dem Tisch oder auf ein Tuch auf dem Boden aus. Dabei kann der Nikolaus beispielsweise auch jammern: „Ach um Himmels willen, schon wieder sind die ganzen Geschenke aus meinen Sack herausgefallen!" Die Kinder versammeln sich um die Gegenstände und untersuchen sie in Ruhe. Sie benennen auch alle Gegenstände – mit jüngeren Kindern können Sie die Namen mehrmals wiederholen. Die Kinder können auch nachzählen, wie viele Gegenstände von jeder Art jeweils im Sack sind (4 Haselnüsse, 5 Erdnüsse, …).

Nun sammelt das Kind, das den Nikolaus gespielt hat, alles wieder in seinen Sack – und nimmt dabei mit Ihrer Hilfe heimlich einen Gegenstand, etwa eine Haselnuss, weg. In der nächsten Spielrunde spielt ein anderes Kind den Nikolaus und leert den Sack auf dem Tisch oder dem Tuch aus und jammert und sagt dann: „Ein Gegenstand fehlt, wer kann raten, was das ist?" Bekommen es die Kinder heraus? In der nächsten Runde darf ein anderes Kind den Nikolaus spielen.

Variation

Einfacher wird das Spiel, wenn von jeder Art nur ein Gegenstand im Säckchen ist und wenn Sie weniger Gegenstände verwenden.

Nikolaus-
musik

Lieder, Tanzideen und Klanggedichte warten auf den nächsten Seiten aufs Ausprobieren. Hauptfigur dabei ist natürlich der Nikolaus.

Nikolaus, komm tanz mit mir!

Ein einfaches Lied zum Mittanzen

ab 2 Jahren

Bei diesem Tanzspiel laden die Kinder den Nikolaus abwechselnd zum Tanz ein.

Das brauchen Sie

- **1 Nikolauskostüm**

Ein Kind verkleidet sich als Nikolaus, die anderen Kinder bilden einen Kreis. Der Nikolaus steht in der Kreismitte. Das erste Kind im Kreis beginnt und singt mit Unterstützung der anderen/von Ihnen das Lied zur Melodie von „Brüderchen, komm tanz mit mir!". Dazu betritt es ebenfalls die Kreismitte, reicht dem Nikolaus die Hände und tanzt kurz mit ihm.
Dann kommt das nächste Kind an die Reihe, das gern mit den Nikolaus tanzen möchte. Als Abschluss, wenn alle Kinder, die möchten, an der Reihe waren, singen Sie gemeinsam die Abschlussstrophe und der Nikolaus verabschiedet sich.

Nikolaus, komm tanz mit mir,
beide Hände reich ich dir.
Einmal hin, einmal her,
dann wechseln wir, das ist nicht schwer.

Abschluss

Nikolaus, jetzt musst du geh'n,
das war wirklich wunderschön.
Wunderschön, wunderschön!
Vielen Dank, auf Wiederseh'n!

Nikolaus im Morgenkreis

Ein Singspiel für die Nikolauszeit

Damit die Zeit bis zur Nikolausfeier nicht so lang wird, bekommen die Kinder mit diesem kleinen Singspiel im Kreis eine winzige Kostprobe.

ab 2 Jahren

Material

- **1 Tüte Kekse (ersatzweise Nüsse)**
- **Pro Kind einen Pappteller oder eine kleine Schale**

Die Kinder sitzen im Kreis und halten ihre Teller in der Hand. Ob der Nikolaus wohl etwas auf einen der Teller legen wird? Die Kinder stellen ihre Teller vor sich auf den Boden und drehen sich auf oder mitsamt ihren Stühlen um. Sie selbst oder ein Kind geht nun im Innenkreis herum. Die Kinder singen dazu das folgende kleine Lied zu einer selbst ausgedachten Melodie oder zur Melodie der ersten beiden Verse von „Schmetterling, du kleines Ding“.

In dieser Zeit muss das Kind im Kreis ein kleines Geschenk, etwa eine Nuss oder einen Keks, auf einen der Teller legen. Rufen die Kinder „Vielen Dank!“, drehen sich alle Kinder um und sehen nach, wer heute etwas vom Nikolaus bekommen hat. Dieses Kind darf in der folgenden Runde den Nikolaus spielen. Das Spiel geht so lange, bis alle Kinder etwas vom Nikolaus bekommen haben.

Komm doch, lieber Nikolaus,
zu Besuch in unser Haus.
Wir stellen uns're Teller auf,
du legst uns ganz bestimmt was drauf!
Vielen Dank!

Lieber guter Nikolaus

Ein Tanzlied zum Direktmitmachen

Bei diesem Lied darf immer ein Kind den Nikolaus spielen, der von draußen ins Haus kommt und Geschenke verteilt. Bestimmt möchte jedes Kind einmal gern der Nikolaus sein. Darum hat das Begleitlied einen ganz einfachen Text, den die Kinder bald schon allein zur Melodie von „Jingle Bells" mitsingen können.

ab 4 Jahren

Das brauchen Sie

- **1 Nikolauskostüm**
- **1 Sack**
- **Als Geschenke verpackte leere Kartons und Schachteln**

Die Kinder bestimmen ein Kind, das den Nikolaus spielen möchte. Dieses Kind schlüpft in das Nikolauskostüm und bekommt den Sack mit den Geschenken in die Hand. Die anderen Kinder stellen sich in einen Stehkreis. Schon kann's losgehen:

Strophe 1

Heut ist es schon so weit:
Schaut nur, wie's draußen schneit.
Gleich kommt schon der Nikolaus,
da steht er vor dem Haus.

die Kinder im Stehkreis drehen sich zum Nikolaus um und winken

Schon klopft er bei uns an,
poch-poch ans Türchen dran.
Grüßt freundlich hier und dort,
bald muss er wieder fort.

der „Nikolaus" klopft an die Tür oder an ein Möbelstück und kommt näher, dabei winkt er zurück

Refrain

Nikolaus, Nikolaus,
komm zu uns herein,
lieber guter Nikolaus,
sollst heute bei uns sein.

der Nikolaus wird von den Kindern in die Kreismitte gelassen

Jetzt ist er endlich da,
juhu, wie wunderbar!
Holt die Geschenke raus,
für jeden hier im Haus.
Wir freu'n uns, danke sehr:
Äpfel und noch mehr,
Mandarinen, Mandelkern,
das mögen wir so gern!

das Nikolauskind verteilt die Geschenke aus dem Sack

Refrain:
Nikolaus …

das Nikolauskind bleibt in der Kreismitte

Strophe
Jetzt muss er wieder geh'n,
's war schön, auf Wiedersehen!
Wir bringen ihn zur Tür hinaus,
aus unserm kleinen Haus.
Da winkt er noch einmal,
zieht enger sich den Schal.
Es war ganz wunderbar,
mach's gut, bis nächstes Jahr!

das Nikolauskind wird aus dem Kreis gelassen, winkt und geht davon

Letzter Refrain
Nikolaus, Nikolaus,
du musst wieder geh'n,
doch bereits im nächsten Jahr
können wir uns wiederseh'n.

alle klatschen mit

Tipp

Zum Refrain können die Kinder im Kreis auch mit Glöckchen oder Schellen klingeln und ihren Gesang begleiten.

Nikolaus, wach auf!

Ein Klanggedicht, um den Nikolaus zu wecken

Was sollen die Engel bloß machen: Der Nikolaus will einfach nicht aufwachen! Und dabei drängt die Zeit, denn die Kinder warten schon auf ihre Geschenke. Da haben die Engel eine Idee, bei denen ihnen die Kinder helfen können. Mit Klanginstrumenten können die Kinder diese Reimgeschichte erzählen und im Anschluss ein Aufwachlied für den Nikolaus singen.

Das brauchen Sie

- **Glöckchen für die Kinder**
- **1 Handtrommel**

ab 4 Jahren

In diesem Klanggedicht kann ein Kind in die Rolle des Nikolaus schlüpfen, die anderen Kinder sind die Engel und spielen dazu die Glöckchen an. Alternativ können auch Sie selbst die Nikolaus-Trommel übernehmen.

Die Nacht ist dunkel, kein Laut ist zu hören,
nichts kann heut' die Stille stören.

„Pssst!" machen, ansonsten Stille

Nur tief im Wald in einem Haus,
da schläft der Nik'laus, atmet ein, atmet aus.

Stille

Jetzt schnarcht er auch noch laut dazu,
schlummert dort in tiefster Ruh'.

Schnarchgeräusche und ganz leise die Trommel spielen

Die Engel sind schon aufgeregt,
ob sich der Mann nicht bald bewegt.

mit dem Glöckchen klingeln

Sie flattern umher und singen Lieder.
Der Nikolaus? Der schnarcht schon wieder.

erst mit dem Glöckchen klingeln, dann Schnarchgeräusche machen

Jetzt kitzeln sie ihn mit Federn ganz leicht,
ob das jetzt wohl zum Aufwachen reicht?

mit dem Glöckchen klingeln

Sie flattern und fliegen ums Bett herum.
Der Nikolaus? Dreht sich nur um.

mit dem Glöckchen klingeln

Sie öffnen die Tür und Wind weht herein.
Der Nikolaus? Atmet aus, atmet ein.

mit dem Glöckchen klingeln

Sie rütteln und schütteln an seinem Bart,
erst vorsichtig, dann nicht mehr so zart.

mit dem Glöckchen klingeln

Der Nikolaus bemerkt es nicht,
dreht sich im Bett mit seinem ganzen Gewicht.

leise die Trommel anspielen

Da fassen die Engel einen Entschluss,
bei dem der Nikolaus aufstehen muss.

Glöckchen laut und heftig klingeln

„Liebe Kinder, singt doch mit:
Ein kleines Lied, einen Nikolaus-Hit!“

das Lied anschließen

Info-Seite

Nikolaus von Myra und die Ursprünge des Nikolausglaubens

Am 6.12. oder mancherorts auch am 5.12. bringt der Nikolaus Kindern Geschenke und Süßigkeiten. Aber warum eigentlich? Unsere heutige Vorstellung vom Nikolaus geht wahrscheinlich auf eine historische Figur zurück: und zwar auf den Bischof Nikolaus von Myra, der im 3. und 4. Jahrhundert nach Christus lebte und den Legenden nach als Wohltäter, vor allem gegenüber Kindern, bekannt war.

Um 280 n. Chr. soll der „echte", historische Nikolaus geboren worden sein. Sein Geburtsort Myra heißt heute Emre und liegt in der Türkei. Damals nannte man die Gegend um Myra Lykien und sprach dort Griechisch. Der Name Nikólaos bedeutet etwa „Sieg des Volkes". Schon mit 19 Jahren wurde Nikolaus wahrscheinlich zum Bischof geweiht. Die Berichte über sein Leben stammen meist aus späteren Zeiten, erzählen von zwei verschiedenen Personen namens Nikolaus und sind eher Legenden als historische Tatsachen.

So soll Nikolaus beispielsweise seinen gesamten Besitz und Spenden, die er erbetteln konnte, an Kinder und arme Leute verschenkt haben. Und generell war er ein Beschützer aller Kinder. An einem 6. Dezember (das genaue Todesjahr ist nicht bekannt) soll er gestorben sein. Ab dem 6. Jahrhundert verbreitete sich der Brauch, an diesem Tag an Nikolaus zu denken. In der Ostkirche, vor allem in Russland, wurde Nikolaus zu einem der am meisten verehrten Volksheiligen.

Die Traditionen, beispielsweise das Einkehrbrauchtum rund um den Nikolausabend, sind teilweise deutlich älter als die Legenden um den christlichen Heiligen. So sind auch die Vorstellungen, woher der Nikolaus denn eigentlich kommt, ganz unterschiedlich: In Deutschland kommt der Nikolaus vom Himmel, in England und Dänemark stellen sich die Kinder vor, der Nikolaus wohne am Nordpol, das finnische Nikolaus-Pendant Joulupukki lebt in Lappland. Manchmal reist er in einem Schlitten, ein anderes Mal geht er zu Fuß oder er wird von einem Esel oder verschiedenen Gehilfen begleitet.

Ideen für die Nikolausfeier

Mit einem Theaterstück die Gäste, Familien und den Nikolaus willkommen heißen: Das nimmt alle mit! Drei kleine Theaterstücke haben Sie hier zur Auswahl: ein Mini-Theaterstück, ein etwas längeres Theaterstück und ein Outdoor-Theaterstück aus dem Wichtelwald.

Der Nikolaus kann nicht mehr

Ein Aufheiter- und Mutmachtheaterstück für alle

„Puh!“, der Nikolaus kann einfach nicht mehr. Was ist da zu tun? In diesem Theaterstück schaffen es erst die Kinder, den guten Mann wieder zu motivieren. Ein kleiner Anreiz für alle Familien.

ab 3 Jahren

Das brauchen Sie

- **1 Nikolauskostüm**
- **2 weiße Gewänder für die Engel**
- **1 Hexenkostüm**
- **1 Stuhl**
- **1 Nikolaussack**
- **1 Becher oder 1 Tasse**
- **1 Tüte mit Glitzerpulver oder Glitzer-/ Weihnachtskonfetti**

Zu Beginn des Stückes steht auf der Bühne nur ein Stuhl, neben dem der Nikolaussack mit Geschenken steht (hier könnten Sie auch Geschenke unterbringen, die später verteilt werden sollen). Auf dem Stuhl sitzt der Nikolaus und hat den Kopf in die Hand gestützt. Der Erzähler betritt die Bühne:

Guten Tag/Abend alle zusammen. Heute ist es endlich so weit. Wir freuen uns auf den Nikolaus, der uns … äh …

dreht sich zum Nikolaus um, der Nikolaus blickt missmutig vor sich hin

… der uns heute besuchen will. Ist das nicht schön? Ist das … äh …

wendet sich jetzt an den Nikolaus

Aber lieber Nikolaus, was hast du denn? Bist du krank?

der Nikolaus schüttelt den Kopf

Hast du Schnupfen?

die Nikolaus seufzt nur tief

Husten?

der Nikolaus winkt ab

Bist du vielleicht müde? Das wäre ja kein Wunder. Wir alle sind ja mal müde. Und gerade jetzt um die Nikolauszeit ist ja auch einiges los.

der Nikolaus schläft ein und rutscht beinahe vom Stuhl

Ach du liebe Zeit, was machen wir da denn bloß? Habt ihr eine Idee?

die Zuschauer können Ideen rufen. Der Nikolaus wacht auf, stützt den Kopf in die Hand und blickt in eine andere Richtung

Genau, das ist es: Ich rufe mal die Weihnachtshexe. Helft ihr mir?

alle rufen die Weihnachtshexe, die gleich darauf mit einer Tasse in der Hand – etwa einer uralten Tasse mit Blumen darauf – erscheint

Liebe Weihnachtshexe, hast du eine Idee, wie wir den Nikolaus wieder fit bekommen?

die Weihnachtshexe kichert, schlurft zum Nikolaus und hält ihm die Tasse hin, der Nikolaus trinkt missmutig und widerwillig die Tasse leer, die Hexe schlurft davon. Der Nikolaus richtet sich kurz auf und fällt dann wieder in sich zusammen

Das hat wohl nichts genutzt, oder, Nikolaus?

der Nikolaus schüttelt müde den Kopf und reibt sich die Augen

Gut, dann habt ihr vielleicht noch ein klitzekleines Ideechen?

die Zuschauer machen Vorschläge oder sind auch ratlos

Was? Nicht? Oder? Gut, das ist es: Wir rufen die Engel!

zwei Kinder als Engel kommen auf die Bühne

Ihr lieben Engel, der Nikolaus ist so müde …

die Engel schweben um den Nikolaus und werfen Glitzerpulver in die Luft

Das sieht ja schön aus! Gefällt dir das nicht, lieber Nikolaus?

der Nikolaus steht kurz auf, streckt sich, fällt dann aber wieder auf seinen Stuhl

Da bleibt uns nur noch eins übrig: Wir brauchen die Kinder! Ruft mal bitte alle mit: „Kinder!"

die Kinder kommen auf die Bühne, helfen dem Nikolaus beim Aufstehen und reichen sich und dem Nikolaus die Hände

Tja, den Kindern ist es gelungen, oder, Nikolaus?

der Nikolaus hüpft ein paarmal fröhlich auf und ab und reibt sich die Hände

Na dann, fröhlichen Nikolausabend!

im Anschluss können die Kinder auf der Bühne ein Nikolauslied singen

Bei den Waldwichteln

Ein Outdoor-Theaterstück für alle Kulturen

Wie wäre es, wenn Sie die Eltern mit auf einen kurzen Spaziergang in den Wald nehmen? Vielleicht dekorieren Sie einen Baum gemeinsam mit adventlichen Anhängern und trinken zusammen heißen Tee? Falls Sie kleine Geschenke oder Tüten mit Plätzchen oder anderen Nikolausgaben an die Kinder verteilen möchten, (aber auch sonst) bietet sich diese kleine Vorführung als Abschluss des kleinen Ausfluges an. Sie benötigen keine anderen Kostüme als ein paar (Nikolaus-)Zipfelmützen.

Das brauchen Sie

- 1 Schlitten oder 1 Baumstumpf
- Bunte Nikolaus- oder Zipfelmützen für die Waldwichtel
- Tüten oder Taschen mit Plätzchen oder anderen Süßigkeiten zum Verschenken
- 1 brennendes Windlicht

ab 3 Jahren

Stecken Sie einen Platz als Bühne ab. Toll, wenn ein Baum mit auf der Bühne steht. Auf der Bühne, mittig, platzieren Sie den Schlitten. Der Erzähler kommt auf die „Bühne". Er steht mit dem Gesicht zum Publikum und mit dem Rücken zum Schlitten.

Erzähler:
Heute sind wir hier im Wald/Garten, wie Sie sicher sehen. Aber nicht nur das: Wir sind heute im Wichtelwald. Hier leben sehr scheue kleine Waldwichtel, ich glaube kaum, dass Sie einen davon zu Gesicht bekommen.

ein Waldwichtel guckt hinter einem Baum/dem Schlitten hervor und winkt, ohne dass der Erzähler es bemerkt

Sehr selten wurde aber schon davon berichtet, dass die Waldwichtel manchmal schnell über den Weg flitzen, wenn man im Wald spazieren geht.

ein anderer Waldwichtel rennt über die Bühne, ohne dass es der Erzähler bemerkt

Darum sagen manche Leute, es gäbe gar keine Waldwichtel. Sie sagen, das seien Erfindungen der Medien oder Ideen von Leuten mit zu viel Fantasie.

ein dritter Waldwichtel taucht hinter dem Erzähler auf, schüttelt den Kopf, zeigt einen „Vogel" und läuft wieder weg

Andere sagen, nur sehr, sehr, sehr aufmerksame Menschen oder Kinder könnten die Waldwichtel sehen.

ein vierter Waldwichtel macht ein kurzes Tänzchen hinter dem Erzähler und läuft wieder weg

Jedenfalls heißt es, die Waldwichtel wären sehr freundlich. Wer sich im Wald korrekt verhält, keinen Müll in den Wald wirft, die Tiere nicht erschreckt, der könnte vielleicht einen Wichtel zu Gesicht bekommen.

ein fünfter Waldwichtel kommt angelaufen, macht eine Grimasse und flitzt wieder weg

Die schönste Sage von den Wichteln im Wald lautet aber, dass sie heimlich Geschenke hinstellen. Ich persönlich habe das noch nie erlebt. Aber die Legende besagt, dass am Nikolaustag manchmal plötzlich Geschenke auftauchen: Mandarinen, Nüsse oder Äpfel. Auch Süßigkeiten könnten dabei sein. Diese Geschenke stehen dann vor Türen oder am Kamin oder sie stecken in Schuhen oder Strümpfen. Seltsam eigentlich, gute Nahrungsmittel in schmutzige Straßenschuhe zu stecken. Also, mir ist das noch nie passiert.

während der Erzähler spricht, kommen alle Waldwichtel hinter dem Rücken des Erzählers auf die „Bühne" und stellen die Taschen mit den Geschenken auf und vor den Schlitten, ein Wichtel stellt noch ein brennendes Windlicht dazu

Aber das muss ja nichts heißen, wie auch immer: Wenn Sie heute hier draußen einen Wichtel sehen sollten, dann freue ich mich für Sie. Auf Wiedersehen!

Erzähler verlässt die Bühne

Warum wir Nikolaus feiern

Ein Mini-Theaterstück zur Begrüßung

ab 2 Jahren

Diese kleine Vorführung ist ganz einfach und schnell zu realisieren: Die Kinder müssen dabei keinen Text lernen, sondern nur mit ihrem Körper vorführen. Das Sprechen übernimmt ein/e Erzähler/in am Rand der Bühne.

Das brauchen Sie

- **Nikolaus: Nikolauskostüm und Stuhl**
- **Kinder mit Smartphones: 2 oder mehr Kinder mit (Spielzeug-)Smartphones und/oder Tablets**
- **Erwachsene: 1 oder mehr Kinder in Berufskleidung (Anzug, Brille, Handwerkeroutfit, …)**

Zu Beginn der Vorführung sitzt der Nikolaus auf einem Stuhl, den Kopf in die Hand gestützt, er ist missmutig. Der Erzähler kommt auf die Bühne oder zum Nikolaus und spricht im Folgenden ans Publikum gewendet:

Der Nikolaus war ziemlich schlecht gelaunt.

Nikolaus seufzt kurz

Denn seit einiger Zeit interessierten sich die Menschen nicht mehr sehr für ihn.

Nikolaus seufzt wieder, diesmal etwas lauter

Die Kinder guckten lieber Fernsehen oder auf ihre Handys, als sich auf den Nikolausabend zu freuen.

zwei Kinder, die auf Handys schauen, gehen über die Bühne

Die Erwachsenen hatten kaum noch Zeit für einen Nikolausabend.

ein Kind, als Erwachsener verkleidet, mit Aktentasche und Brille, rennt über die Bühne; auch möglich: mehrere Kinder als Handwerker oder Büroarbeiter verkleidet laufen über die Bühne

Das alles machte den Nikolaus ziemlich traurig und wütend.

Nikolaus steht auf, wirft die Arme in die Höhe, schüttelt den Kopf und seufzt wieder

Doch eines Tages hatten die Kinder der XY-Gruppe (Namen der Gruppe einfügen) eine Idee: Sie wollten einen echten, tollen, richtigen Nikolausabend feiern und dazu ihre Familien einladen.

alle Kinder der Gruppe kommen auf die Bühne, nehmen den Nikolaus bei der Hand und stehen mit dem Gesicht zum Publikum

Und dazu möchten wir Sie heute ganz herzlich begrüßen!

die Kinder jubeln und winken

Advent & Weihnachten

Die Zeit vor dem Weihnachtsfest erleben Ihre Kinder als eine besondere Zeit mit allen Sinnen. Ermöglichen Sie den Kindern diese vielfältigen Erfahrungen von Kerzenschimmer, Plätzchenduft, Wärme und Feststimmung. In diesem Kapitel warten einfache und schnelle Gestaltungs-, Bastel- und Dekoideen auf Sie und die Kinder. Dazu kommen Mitmachlieder, Tanzlieder und Singspiele, um die Vorfreude zu erhöhen, und auch schnelle Rezepte für Leckereien sind mit dabei. Zum Abschluss finden Sie Ideen zum Ausruhen und Erholen. In der trubeligen Weihnachtszeit können Sie so den Kindern und auch sich selbst hin und wieder eine kleine Pause gönnen.

Spielideen

Wie fühlt sich der Advent an? Wie fliegen Engel? Auf den nächsten Seiten finden Sie Spielideen für die Advents- und Vorweihnachtszeit. Neben Sinnesspielen warten auch ein Fingerspiel, Kreis- und Pustespiele und ein Mitmachgedicht auf Sie und die Kinder.

Bald ist Weihnachten

Ein Abzählfingerspiel für Ungeduldige

ab 2 Jahren

Wann ist denn jetzt endlich Weihnachten, fragen vielleicht auch Ihre Kinder? Wie wäre es mit einem Fingerspiel, mit dem Sie den Kindern in der Vorweihnachtszeit an jedem Tag vorrechnen können, wie lange es noch ungefähr dauert?

Weihnachten kommt auch dieses Jahr,
das sehen alle Finger klar.

beide Hände hochhalten und mit den Fingern wackeln

Eins, zwei, drei und dann auch vier,
so viele Wochen, dann steht's vor der Tür.

zuerst Zeige-, dann dazu Mittel-, dann dazu Ring- und schließlich alle vier Finger außer dem Daumen hochhalten

Die Antwort ist auf deine Frage:
Ab heut' sind's nur noch XX Tage/ab heute dauert's noch X Tage!
Juhu!

beim XX oder X setzen Sie ein, wie viele Tage es noch sind: Bei einsilbigen Zahlen passt die zweite Version hinter dem Schrägstrich besser, bei zweisilbigen Zahlen bleibt das Versmaß mit der ersten Version vor dem Schrägstrich bestehen. Dazu können die Kinder die Anzahl der Tage mit den Fingern hochhalten, falls es weniger als zehn Tage sind. Ansonsten einfach in die Hände klatschen und in jeder Version fröhlich „Juhu!“ rufen

Strohsterne raten

Taktile und visuelle Spiele mit Strohsternen

Es gibt einfache und doppelte Strohsterne, solche mit spitzen oder abgerundeten Enden, Strohsterne mit vielen oder wenigen Armen, mit Rahmen oder in mehreren Lagen … Strohsterne sind ein tolles Spielmaterial.

Das brauchen Sie

- **Ein großes Tablett**
- **Ein Tuch oder eine Augenbinde**
- **Viele unterschiedliche Strohsterne**

ab 4 Jahren

Legen Sie etwa acht Strohsterne auf ein Tablett. Dabei sollten immer zwei Strohsterne gleich sein. Auf dem Tablett befinden sich also kreuz und quer verteilt vier Strohsternepaare. Die Kinder sollen die gleichen Sterne nun nur durch Ertasten herausfinden. Dazu bekommen sie eine Augenbinde oder sie tasten unter einem Tuch. Wenn die Kinder schon älter sind oder sich schon einmal mit Strohsternen beschäftigt haben, können Sie die Anzahl der Tastpaare erhöhen. Jüngere Kinder bekommen entsprechend nur zwei oder drei Paare.
Kinder mit Deutsch als Fremdsprache, aber auch alle anderen Kinder können die Paare und die Unterscheidungsmerkmale abschließend mit Ihnen besprechen.

Variation

Einfacher, aber immer noch knifflig: Statt des Tastsinnes können Sie mit Strohsternen auch die visuelle Wahrnehmung fördern. Legen Sie viele Strohsterne aus. Die Kinder sortieren die Sterne in Gruppen oder wieder in Paaren.

Schneeflocken im Wind

Ein Pustespiel für alle

Bei diesem lustigen Wettpusten können alle mitmachen, die schon pusten können. Je nach Alter der Kinder können Sie ihr Spiel ganz einfach variieren.

ab 1 Jahr

Das brauchen Sie

- **Mehrere weiße Wattebäusche**
- **Einen großen Bogen Pappe**
- **Bunte Wachsmalkreiden**
- **Klebestreifen**

Die Kinder malen auf die Pappe zwei große Wolken in verschiedenen Farben: etwa eine weiße und eine blaue Wolke. Zwischen den Wolken sollte noch etwas Platz frei bleiben. Dann kleben die Kinder mit Ihrer Hilfe den bemalten Pappbogen mit Klebestreifen auf dem Tisch fest. Legen Sie Wattebäusche als Schneeflöckchen in die Wolken. Schaffen es die Kinder, Wind zu spielen und die „Schneeflöckchen" aus den Wolken herauszupusten?

Noch mehr Ideen

Kaufen Sie Watte am Stück und rollen Sie mit den Kindern kleine, winzige und große Schneeflocken. Welche lassen sich wohl am besten pusten?

Schwierigere Variation für ältere Kinder

Zum Spielen teilen sich die Kinder in zwei Gegner oder zwei generische Teams auf, hier etwa in ein weißes und in ein blaues Team. Wer schafft es, ein Schneeflöckchen (den Wattebausch) in die gegnerische Wolke zu pusten?

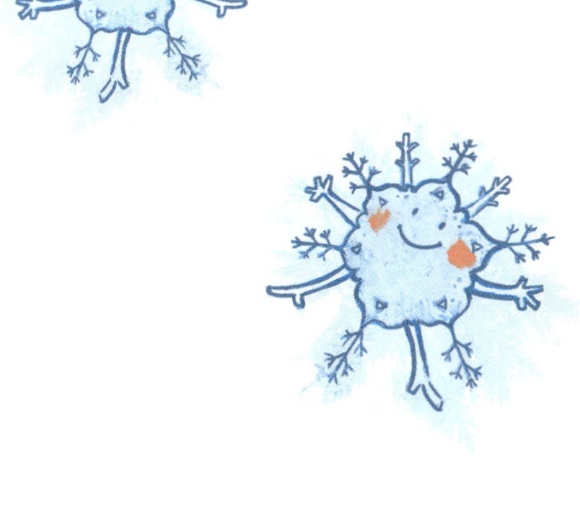

Fühl mal den Advent

Ein Tast- und Ratespiel

Tasträtsel machen einfach Riesenspaß. Diese Spielvariation bietet verschiedene Schwierigkeitsgrade für die ganz Kleinen und auch für die älteren, cleveren Bald-Schulkinder.

ab 1 Jahren

Das brauchen Sie

- **Ein Fühlsäckchen**
- **Tastmaterialien, die zum Advent passen, beispielsweise eine kleine nicht zerbrechliche Weihnachtskugel, Holzanhänger in Stern- oder Herzform, ein Teelichtchen, ein kleines Glöckchen, einen kleinen Spielzeug-Nikolaus oder -weihnachtsmann, …**
- **Tastgegenstände, die gar nicht in den Advent passen, etwa einen Osteranhänger, eine Papier- oder Stoffblüte, einen Spielzeugfisch, …**

Füllen Sie zunächst nur die Adventsmaterialien in das Säckchen. Im Sitzkreis darf reihum immer ein Kind im Säckchen tasten. Fragen Sie gemeinsam mit den anderen Kindern:

„Advent, schon stehst du vor der Tür,
sag uns mal: Was fühlst du hier?“

Das Kind darf einen Gegenstand auswählen, benennen und herausziehen. Nun schauen Sie gemeinsam nach, ob ihn das Kind richtig benannt hat. Sprechen Sie gemeinsam den Namen des gezogenen Gegenstandes nach. So geht es reihum, bis das Säckchen leer ist. Breiten Sie nun alle Gegenstände in der Kreismitte aus. Die Kinder können sie noch einmal zeigen und benennen.

Schwierigere Variationen für die älteren Kinder

Füllen Sie alle Gegenstände zurück ins Säckchen. Ältere Kinder oder Kinder, die sehr gut im Tasten und Benennen sind, bekommen nun nichtadventliche Gegenstände mit ins Säckchen gemogelt. Das Säckchen wandert nun reihum wieder im Kreis. Jedes Kind wählt einen Gegenstand aus, erklärt, ob es ein adventlicher Gegenstand ist oder ob er nicht zum Advent passt und wie er heißt. Dann darf das Kind seinen Fund herausziehen und zeigen. Hat es richtig geraten? Ihre Kinder sind so clever, dass Sie den nichtadventlichen Gegenstand gleich heraustasten? Dann stecken Sie bei jedem neuen Kind einen neuen nicht passenden Gegenstand dazu, den die Kinder vorher nicht zu sehen bekommen.

Sterne fangen

Ein Kreisspiel gegen die Zeit

Geschicklichkeit und Teamwork sind bei diesem Kreisspiel gefragt. Außerdem kommt es auch auf Konzentration an, denn hier treten die Kinder gegen die Uhr an.

ab 3 Jahren

Das brauchen Sie

- **Einen kleinen Sack**
- **Für jedes Kind einen Strohstern**
- **Eier- oder Küchenuhr**

Das Christkind hat unterwegs seine Strohsterne verloren. Jetzt muss es sie ganz schnell wieder einsammeln. Ob die Kinder ihm dabei wohl helfen können? Alle Kinder suchen sich einen Strohstern aus Ihrer Sammlung aus. Setzen Sie sich mit den Kindern in einen Sitzkreis. Stellen Sie die Küchenuhr auf etwa zwei Minuten und geben Sie dem Kind neben Ihnen den Sack in die Hand. Das Kind legt seinen Stern in den Sack und gibt ihn weiter an den Nachbarn neben sich. Schaffen es die Kinder in der auf der Eieruhr eingestellten Zeit, den Sack weiterzugeben und jeweils ihren Strohstern in den Sack zu legen? Wenn der Sack wieder bei Ihnen ankommt, bevor die Uhr abgelaufen ist, haben es die Kinder geschafft. Klingelt die Uhr vorher, können die Kinder ihr Glück in einer weiteren Runde versuchen. Sollte die Zeit zu knapp oder zu lang sein, passen Sie sie so der Gruppengröße an, dass das Spiel spannend bleibt und die Kinder sich beeilen müssen.

Wenn Engel fliegen

Ein Mitmachgedicht im Sitzen für die ganz Kleinen

Bei diesem Gedicht können schon die ganz Kleinen mitmachen, die noch nicht allein stehen und laufen können. Sie können dazu auch ein Kind auf den Schoß nehmen und mit ihm gemeinsam die Bewegungen nachmachen. Dann führen Sie ganz sanft die Hände/Arme des Kindes passend zum Text.

ab 6 Monaten

Wenn Engel fliegen von Haus zu Haus,
dann breiten sie ihre Flügel aus.

die Hände hoch in die Luft strecken

Flattern im Wind zuerst langsam und leise,
ganz sanft gehen sie erst auf die Reise.

ganz langsam mit den Armen Flatterbewegungen machen

Dann flattern sie schneller im Wind umher,
flattern mit ihren Flügeln sehr.

schnelle Flatterbewegungen machen

Vielleicht landen sie auch auf deinem Haus
und ruhen sich hier ein Weilchen aus.

die Arme sinken lassen und das Schlafen nachstellen

Fragen Sie die Kinder doch einmal, wie sie das Schlafen am besten nachmachen können, z.B. die Hände unter einer Wange falten, Augen zumachen, hinlegen, schnarchen, …

Weihnachts-
musik

Eine weihnachtliche Klanggeschichte, ein Singspiel und weitere Ideen zum Singen und Klingen finden Sie nachfolgend.

O Tannenbaum

Ein Mitmachlied mit kreativer Begleitung

ab 2 Jahren

Singend schmücken Sie in diesem Beispiel einen Miniatur-Weihnachtsbaum. Am Ende dieses kleinen Liedes können Sie mit den Kindern dann ihr Kunstwerk bestaunen und besprechen.

Das brauchen Sie

- **Ein großes Stück grünen Filz oder einen Tannenzweig**
- **Kleine stoßfeste (unkaputtbare) Weihnachtskugeln**
- **Ein Körbchen**
- **Stoffkreide**

Mit der Stoffkreide den Umriss eines Tannenbaums auf den grünen Filz malen und ausschneiden. Den so entstandenen „Weihnachtsbaum" auf den Boden oder einen niedrigen Tisch legen. Alternativ können Sie auch einen echten Tannenzweig auslegen. Daneben stellen Sie das Körbchen mit den Kugeln auf.
Setzen Sie sich mit den Kindern gemütlich im Sitzkreis um den Tannenbaum herum. Singen Sie gemeinsam das alte Lied „O Tannenbaum" mit veränderter letzter Liedzeile:

O Tannenbaum, o Tannenbaum,
wie grün sind deine Blätter!
Du grünst nicht nur zur Sommerzeit,
nein, auch im Winter, wenn es schneit.
O Tannenbaum, o Tannenbaum,
wir wollen dich gerne schmücken.

Nun darf jedes Kind eine Kugel aus dem Körbchen nehmen und sie auf dem Tannenbaum arrangieren.

Maus, pass auf!

Ein Musikstopp-Spiel zum Genauhinhören

ab 4 Jahren

Den echten Weihnachtsmann einmal zu Gesicht bekommen – das wünschen sich die Waldmäuse im Winterwald. Mit diesem Musikstopp-Spiel laden Sie die Kinder zu einem Besuch im Winterweihnachtswald ein. Wer weiß, ob die Kinder mehr Glück haben? Vielleicht, wenn sie ganz besonders gut hinhören …

Das brauchen Sie

- **Ein Glöckchen**
- **Eine Rassel**
- **CD-Spieler mit weihnachtlicher Kindermusik**
- **Eine kleine Überraschung für die Kinder (beispielsweise ein Teller mit Plätzchen)**
- **Für die Variation: eine große Decke**

Heute sind alle Kinder Mäuse. Sie leben im Winterwald und müssen gut aufpassen, dass Fressfeinde wie Eule oder Fuchs sie nicht erwischen. Gerade haben sich die Mäuse aus ihren warmen, kuscheligen Mauselöchern in den Wald getraut. Sie haben sich nämlich vorgenommen, den Weihnachtsmann zu sehen. Immer, wenn die Musik aufhört, müssen sie darum gut aufpassen. Hören sie ein Glöckchen, dann könnte das der Weihnachtsmann sein. Dann bleiben sie ganz still stehen und geben keinen Mucks von sich, damit er sich beobachten lässt. Erklingt dagegen das Rasseln, dann nahen der Fuchs oder eine Eule und sie müssen sich ganz schnell verstecken.

Vereinbaren Sie mit den Kindern passend dazu folgende Signale:

Glöckchen = still stehen bleiben

Rassel = ganz klein machen

Zur Musik tanzen oder laufen alle Mäuse durch den Raum. Verklingt die Musik, spielen Sie eines der Instrumente. Bei der Rassel machen sich alle Mäuse ganz klein. Wer die falsche Bewegung macht, den schnappt sich der Fuchs. Das Kind setzt dann beispielsweise eine Runde aus. Am Ende des Spiels dürfen die Kinder vor die Tür gucken: Hier haben Sie vor Spielbeginn die Überraschung für die Kinder bereitgestellt. Den Weihnachtsmann haben die Mäuse zwar nicht gesehen, aber dafür hat er ihnen eine Überraschung dagelassen.

Variation

Statt sich ganz klein zu machen, können sich die Kinder auch alle gemeinsam unter einer großen Decke verstecken.

Komm, gib mir deine Hand!

Ein Singspiel mit Schnee

Sich bei der Hand nehmen und gemeinsam ein Lied singen – das schafft Vertrauen, Körpernähe und macht den Kleinsten großen Spaß. Vor allem, wenn es ein so sanftes und schönes Liedchen ist wie dieses und es dazu „schneit“.

ab 1 Jahr

Das brauchen Sie

- **Eine Schale oder ein Körbchen mit vielen weißen Papierschnipseln und Federn**

Setzen Sie sich mit den Kindern in einen engen Sitzkreis. Stellen Sie das Körbchen oder die Schale mit den Schnipseln und Federn auf Ihrem Schoß ab. Singen Sie nun gemeinsam das kleine Lied, beispielsweise zur Melodie von „Leise rieselt der Schnee“. Zur ersten Zeile geben sich alle Kinder die Hand. Ist die letzte Zeile gesungen, lassen Sie es sanft schneien, indem Sie etwas von den Papierschnipseln und Federn nehmen und sie auf die Kinder herabschweben lassen. In der nächsten Runde darf eines der Kinder diese Rolle übernehmen. Singen Sie so oft es die Kinder möchten. Im Optimalfall darf es jedes Kind einmal schneien lassen.

Komm, gib mir deine Hand,
reise ins Weihnachtsland.
Weihnachten ist nicht mehr weit,
freue dich, ’s hat schon geschneit.

Befana è qui

Eine Weihnachtsklanggeschichte zum Vorführen aus Italien

Befana ist da: In Italien bringt die Hexe oder Fee Befana die Geschenke zu den Kindern. Falls in Ihrer Kita Familien mit italienischen Wurzeln sind, lassen Sie doch einmal erzählen, wie genau Befana das macht. Oder Sie führen mit den Kindern diese Klanggeschichte vor, bei der nahezu jedes Kind das gleiche Instrument spielen kann.

ab 4 Jahren

Das brauchen Sie

- **Viele Rasseln**
- **Ein Xylo- oder Metallofon**

Lesen Sie einfach die Geschichte vor. An den bezeichneten Stellen ertönen die Rasseln der Kinder oder das Xylo- oder Metallofon, das Sie selbst oder ein älteres Kind bedienen.

Wisst ihr, wie in Italien die Geschenke bei den Kindern landen? Eine gute Hexe namens Befana bringt sie zu den Kindern. Dazu saust sie mit ihrem Besen über die Dächer der Häuser.

auf dem Xylo- oder Metallofon schnell herauf und herunter streichen

Dann landet Befana auf einem Dach und guckt in den Schornstein.

absteigende Tonfolge auf dem Xylofon

Sie wirft ihren Besen in den Schornstein, der klappernd unten im Zimmer ankommt.

absteigende Tonfolge auf dem Xylo- oder Metallofon

Ein bisschen hat sie immer Angst, in den dunklen Schornstein hinabzusteigen. Aber es hilft ja nichts, sie schnappt ihren Sack mit den Geschenken und macht sich an den Abstieg.

rasseln

Immer tiefer arbeitet sie sich vor, da passiert es: Die Hexe bleibt mitsamt ihrem Sack im Schornstein stecken.

rasseln und ganz plötzlich aufhören, dann ist kurz Stille

„Das waren wohl wieder ein paar Plätzchen zu viel!“, murmelt die Hexe. „Was mach ich denn jetzt?“ Was glaubt ihr wohl, was die Hexe jetzt am besten machen könnte?

die Zuschauer Vorschläge machen lassen

Genau, am besten ist es, Befana wackelt ein bisschen hin und her, damit sie vielleicht doch noch weiterrutschen kann.

rasseln

Ah, jetzt klappt es wieder: Die Hexe rutscht ein gutes Stück weiter im Kamin …

rasseln

… und zack, sitzt sie wieder fest.

rasseln, wieder plötzlich aufhören

„Oje, oje, schon wieder! Ob das meinem Kollegen, dem Weihnachtsmann, wohl auch passiert? Was mach ich nur?"

die Zuschauer dürfen wieder Ideen einbringen

Gut, das ist eine tolle Idee. Die Hexe hält die Luft an und …

alle schnappen laut nach Luft

… rutscht tatsächlich weiter …

rasseln

… und weiter …

rasseln

und schwupps, ist sie unten im Zimmer angekommen.

ein einzelner Schlag auf dem Xylo- oder Metallofon

Jetzt versteckt sie schnell die Geschenke und dann ruft sie ihren Besen herbei und saust – hui! – durch das Fenster davon, denn durch den Schornstein steigt sie lieber nicht mehr.

aufsteigende Tonfolge auf dem Xylo- oder Metallofon

Gestalten & Basteln

Kleine selbst gemachte Geschenke oder Grußkarten, Mini-Weihnachtsbäumchen oder DIY-Weihnachtskugeln: Ab an den Basteltisch – Schere und Kleber warten auf ihren Einsatz.

Unsere eigenen Weihnachtskugeln

Ein Verkaufsknüller für den Weihnachtsbazar

Diese effektvollen Christbaumkugeln können Sie schon mit den jüngeren Kindern herstellen, denn Sie können mit den Kindern viele verschiedene Techniken ausprobieren, um aus den Rohlingen echte Einzelstücke zu zaubern. Vier spannende Ideen finden Sie hier. Diese Ideen sind nur als Starthilfe gedacht, auch mit Serviettentechnik oder Fingerfarben können die Kinder ans Werk gehen.

ab 2 Jahren

Material

- **Weihnachtsbaumkugel-Rohlinge zum Aufklappen (aus dem Bastelladen oder Onlinehandel), mit Aufhänger**
- **Flüssiger Klebstoff**
- **Bonbon- und Pralinenpapierchen (auch möglich: Reste von Folie und Geschenkpapier)**
- **Konfetti oder das Innere Ihres Lochers**
- **Glitzerpulver und Glimmerpartikel**
- **Pinsel**
- **Acrylfarben**
- **Weiße Federn**
- **Klebesternchen in Gold und Silber**

Klapperkugeln

Die jüngeren Kinder knüllen bunte oder glänzende Bonbonpapiere, Glanzpapier-, Folien- oder Geschenkpapierreste zu kleinen Kügelchen. Die Kügelchen in die Christbaumkugeln füllen. Kugeln verkleben und schließen. Trocknen lassen.

Eisflockenkugeln

Die Kugeln mit ganz wenig Glitzerpulver in Silber und ein oder zwei weißen Federn füllen, am Rand verkleben und schließen.

Sternenkugeln

Die Kugeln von außen mit goldenen oder silbernen Sternen bekleben. Ins Innere etwas Gold- oder Silberglimmer, beispielsweise auch in Sternformen, geben, am Rand verkleben, schließen, trocknen lassen.

Kunterbunt-Kugeln

Die Kugeln zuerst am Rand mit Klebstoff bestreichen und verschließen. Nun nach Wunsch bemalen, beispielsweise in einer dunklen Farbe. Trocknen lassen. Anschließend oder auch ohne vorherige Bemalung mit flüssigem Klebstoff überziehen. Wahlweise in Konfetti, Glimmermotiven oder Glitzerpulver wälzen, trocknen lassen.

Entspannung zu verschenken

Ein Lavendel-Pfefferminz-Badesalz für die Eltern

ab 2 Jahren

Dieses kleine Geschenk verstaubt bestimmt nicht im Regal. Mit einfachem Totes-Meer-Salz können Sie mit den Kindern hier kleine Badesalz-Geschenke herstellen. Keine Badewanne im Elternhaus? Auch für Sitz- oder Fußbäder lässt sich das Badesalz prima verwenden.

Material

- **Totes-Meer-Salz (aus dem Drogerie- oder Onlinehandel)**
- **Kleine Schaufeln oder Schöpflöffel zum Dosieren**
- **Schüsseln**
- **Schraubgläser mit Deckel**
- **Klebeetiketten**
- **Dekoband**
- **Lebensmittelfarbe, hier Blau und Grün**
- **Ätherisches Duftöl, naturrein, hier Pfefferminze und Lavendel**
- **Nach Wunsch: getrocknete Blüten (beispielsweise Lavendelblüten)**

Das Badesalz in zwei große Schüsseln aufteilen. Das Salz in der einen Schüssel mit Lebensmittelfarbe hellblau, das Salz in der anderen Schüssel grün einfärben. Vorsicht: Je nach verwendeter Farbe benötigen Sie nur ganz wenige Tropfen, um einen kräftigen Farbton zu erzeugen. Für zarte Farbtöne dosieren Sie am besten tröpfchenweise! Das Salz gut umrühren und komplett trocknen lassen. Im zweiten Schritt genauso verfahren: Das blaue Salz mit wenigen Tröpfchen Lavendelöl beduften, das grüne mit Pfefferminz- oder beispielsweise Eukalyptusöl. Wieder gut trocknen lassen. Falls gewünscht können die Kinder noch Blüten oder Blättchen unter die Salze mischen. Schön sieht es aus, wenn die Salze in Lagen in die Gläschen geschüttet werden. Dazu füllen die Kinder die Salze mit kleinen Löffeln vorsichtig ein. Die Gläser können die Kinder nun noch nach Geschmack verzieren, indem sie beispielsweise selbst entworfene Etiketten aufkleben oder Anhänger anfertigen. Nun noch das Schmuckband umlegen und den Anhänger mit anknoten. Auch getrocknete Blumen sehen schön aus, wenn sie mit ans Geschenkband geknotet werden.

Tipp

Statt Einmachgläschen können Sie auch Glasfläschchen mit Korken verwenden oder auch kleine Tüten aus Organza mit dem Salz befüllen. Beim Duft scheiden sich sicherlich die Geister. Wer Lavendel nicht mag, kann ein Rosensalz (rosa, mit Rosenblättern) herstellen oder ein hellgelbes Vanillebadesalz. Bei Eukalyptus, Pfefferminze und Kampfer ist Vorsicht bei Kindern mit chronischen Erkrankungen der Atemwege wie Asthma angesagt.

Mini-Weihnachtsbäumchen erfinden

Friesenbäume für den Weihnachtsmarkt

Kennen Sie die kleinen dreieckigen Bäumchen, die man in der Vorweihnachtszeit häufig an Fenstern leuchten sieht? Sie könnten solche Bäumchen als Rohlinge fertig einkaufen und mit den Kindern schmücken. Sie könnten aber auch einfach ganze Bäumchen selbst bauen. Das Werken mit Holz und Leim macht den Kindern sicher Spaß und sie lernen das Material Holz kennen. Das Schmücken des Bäumchens kann dann ganz individuell passieren.

ab 4 Jahren

Material

- **Pro Bäumchen 1 Rundstab (Durchmesser ungefähr 1 cm, Länge etwa 50 cm)**
- **Pro Bäumchen 3 Rundstäbe mit etwa 0,25 bis 0,5 cm Durchmesser**
- **Pro Baum 6 Holzperlen (sollten auf die dünneren Rundstäbe passen)**
- **Bastelkleber**
- **Holzleim**
- **Nach Wunsch: Heißklebepistole**
- **Nach Wunsch: Holzplatten (je 15 × 15 cm, mindestens 2 cm dick)**
- **Material zum Schmücken und Verzieren in Auswahl: Schleifenbänder, Lametta, Weihnachtsbaumanhänger, Mini-Weihnachtsbaumkugeln, getrocknete Zitronen-, Mandarinen- und Orangenscheiben**
- **Bastelschnur**

Zusätzliche Werkzeuge

- **Kleine Holzsäge oder Laubsäge**
- **Bohrmaschine**
- **Schmirgelpapier**

Als Erstes den „Stamm" herstellen: Dazu den dicken Rundstab auf die gewünschte Länge hin kürzen (beispielsweise auf 50 cm). In gleichen Abständen drei Löcher durch den Stab bohren. Die drei dünneren Rundstäbe auf drei unterschiedliche Längen kürzen. Den längsten durch das unterste Loch führen, den mittleren durch das in der Mitte, den kürzesten durch das obere Loch stecken, sodass die typische Dreiecks- oder Tannenform entsteht. Auch möglich: Sie bohren die Löcher so, dass sie kreuzweise versetzt liegen. Dann stehen die „Äste" nicht direkt übereinander, sondern etwa sternförmig. In die viereckige Bodenplatte ein Loch bohren und den Stamm einstecken. An die Enden der Äste Holzperlen stecken. Zusätzlich können Sie alle Stecklöcher noch mit Holzleim, Bastel- oder Heißkleber bestreichen und den Baum so haltbarer gestalten. Den Klebstoff gut trocknen lassen – am besten über Nacht.

Frohe Weihnachten

Ganz schnelle Selbstmach-Grußkarten

ab 4 Jahren

Papierreste, bunte Klebestreifen und Goldsternchen: Viel mehr brauchen Sie nicht, um im Handumdrehen schicke Weihnachtskarten mit den Kindern zu gestalten.

Das brauchen Sie

- **Grußkartenrohlinge in Rot oder Dunkelgrün (ersatzweise Tonkarton in DIN-A4, quer in der Mitte gefaltet)**
- **Klebstoff**
- **Scheren**
- **Farbiges Klebeband mit Mustern oder Weihnachtsmotiven (ebenfalls in Rot- und Grüntönen)**
- **Papierreste oder Geschenkpapierreste, uni oder gemustert in Rot- und Grüntönen**
- **Rote und grüne Knöpfe**
- **Klebesternchen in Gold**
- **Goldstift**

Bereiten Sie zunächst gemeinsam mit den Kindern die Grußkarten vor, falls Sie keine Rohlinge zur Hand haben. Die Innenseiten können Sie mit den Kindern später mit Ihrem Text beschriften, die Vorderseite (Aufklappseite) gestalten die Kinder selbst.

Idee 1: Weihnachtstorte

Ganz unten auf die Karte kleben die Kinder quer einen langen Klebestreifen, darüber einen etwas kürzeren und so weiter, bis eine Torte mit fünf bis sieben „Stockwerken" gestaltet ist. Der oberste Streifen kann ganz kurz werden. Ganz oben auf die Torte noch ein Goldsternchen kleben.

Idee 2: Tannenbaum

Schneiden Sie mit den Kindern aus Geschenkpapier oder Tonpapier Dreiecke in verschiedenen Größen aus. Das größte Dreieck kommt mit der langen Seite nach unten ganz nach unten auf die Karte, dann kommt das nächstkleinere Dreieck darüber, dann so weiter, bis etwa drei bis fünf Dreiecke übereinandergeklebt sind. Die Dreiecke können sich dabei auch leicht überlappen. Ganz oben auf die Spitze des so entstandenen Tannenbaums kommt wieder ein Goldsternchen.

Idee 3: Weihnachtskugel

Die Kinder zeichnen mit einem Lineal eine Linie auf die Kartenvorderseite. Mit dem Goldstift fahren sie sie nach. Am Ende der Linie einen Knopf aufkleben. Zwischen Knopf/Kugel und Linie können die Kinder eine Schleife oder einen Verschluss aufmalen. Statt aus Knöpfen können die Kinder die Kugeln auch aus Kreisen gestalten, die sie aus Geschenkpapier ausgeschnitten haben.

Ein Stern für dich

Weihnachtliche Anhänger als Geschenk

ab 3 Jahren

Ein kleines Weihnachtsgeschenk oder ein Geschenkanhänger, Schmuck für den Weihnachtsbaum oder doch lieber eine Fensterdekoration? Diese kleinen Sternchen aus selbsthärtender Knetmasse eignen sich für viele Gelegenheiten. Überreicht mit einem kleinen Spruch können diese Sternchen auch ein Programmpunkt bei der Weihnachtsfeier werden.

Das brauchen Sie

- **Selbsthärtende Knet- oder Modelliermasse**
- **Backrollen**
- **Sternausstecher in verschiedenen Größen**
- **Schaschlikspieße**
- **Bastelfarben (Wasser- oder Acrylfarben)**
- **Pinsel**
- **Klarlack**
- **Nach Wunsch: Glitterfiguren**
- **Geschenkbändchen**

Die Kinder rollen kleine Stücke von der Knetmasse aus und stechen Sterne aus. Alle ausgestochenen Motive bekommen mit dem Schaschlikspießchen ein Loch und müssen dann mindestens zwei Tage trocknen. Danach können die Kinder die Bäume und Sterne bemalen. Solange die Farbe noch flüssig ist, können die Kinder außerdem Glittermotive, etwa kleine Herzen, Sternchen oder Elche, auflegen und ankleben lassen. Sie selbst übernehmen die Aufgabe, alle Motive draußen im Freien mit Klarlack zu übersprühen oder zu bepinseln. Erneut mindestens ein oder zwei Tage trocknen lassen. Durch das Loch nun das Geschenkbändchen ziehen und fertig sind kleine Anhänger für viele Gelegenheiten.

Mit einem Spruch kann auf der Weihnachtsfeier jedes Kind seinen Eltern oder Großeltern nun seinen Anhänger überreichen. Zu leiser Weihnachtsmusik können Sie gemeinsam den Spruch sprechen, während immer ein Kind zu seiner Familie geht und das Geschenk überreicht:

Von Herzen schenk ich dir / euch 'nen Stern,
er sagt, er leuchtet für dich / euch gern.

Schneeflocken-Vogel

Eine Gestaltungsidee zum Verschenken

ab 2 Jahren

Ein Vogel im Schnee: Dieses kleine Kunstwerk können schon die ganz kleinen Kinder in der Gruppe mitgestalten. Sie können es als Gemeinschaftsarbeit planen oder jedes Kind stellt seinen eigenen Schneeflockenvogel her. Wichtig ist nicht, dass der Vogel korrekt beklebt ist und aussieht wie ein echter Vogel (etwa eine Amsel), sondern das taktile Erlebnis beim Kreativsein mit Federn und ungewöhnlichen Materialien.

Das brauchen Sie

- **Tonkarton oder Tonpapier in Dunkelblau oder einer anderen dunklen Farbe (etwa DIN-A5)**
- **Holz- oder Buntstifte mit weißer Mine**
- **Bunte Holz- oder Buntstifte oder Wachskreiden**
- **Klebstoff**
- **Weiße Federn**
- **Deckweiß oder weiße Bastelfarbe**
- **Ohrenstäbchen**
- **Schälchen**
- **Schwarze Knöpfe**

Verteilen Sie Federn, Knöpfe und weiße Farbe getrennt voneinander auf die Schälchen. Jedes Kind sucht sich einen Bogen Tonkarton in einer dunklen Farbe aus. Malen Sie für die Kinder den Umriss eines Vogels auf den Tonkarton. Die Kinder kleben dem Vogel zunächst ein oder zwei Augen mit den schwarzen Knöpfen auf. Den Schnabel malen die Kinder mit den Stiften oder Kreiden orange oder gelb an. Dann bekleben die Kinder den Vogel mit den weißen Federn. Nach Wunsch können es die Kinder auf dem Bild noch schneien lassen. Dazu die Ohrenstäbchen in weiße Farbe tippen und dann kleine Punkte auf dem Bild damit verteilen.

Statt mit den Federn können die Kinder ihren Vogel auch mit ausgerissenen Papierschnipseln in Braun oder Schwarz bekleben – je nachdem, welchen Vogel die Kinder darstellen möchten. Gucken Sie sich dazu auch Fotos von Wintervögeln im Internet an oder beobachten Sie die echten Vögel am Futterhäuschen.

Potpourri à la Kita

Eine Duftidee zum Verschenken

ab 3 Jahren

Für diese kleinen Potpourris brauchen Sie eigentlich nur Schachteln, etwas Duftöl und einen ausgedehnten Winterspaziergang. Auch die winterliche Natur hat noch viele Wunder zu bieten. Und ihre Schätze und Fundstücke passen prima in die Duftschachteln.

Das brauchen Sie

- **Kleine Papp- oder Spanschachteln mit Deckel**
- **Füllmaterial wie Hölzchen, kleine Zapfen, Laub, Eicheln und Bucheckernschalen, Moos, getrocknete Blüten**
- **Duftöl mit Lieblingsduft der Kinder oder einem Weihnachtsduft**
- **Klebesternchen**

Der Herbst und der Sommer haben im Wald noch viel übrig gelassen. Riesige Blüten von Goldruten finden Sie jetzt noch, genauso wie Ästchen, Stöckchen und Laub oder Blätter. Getrocknete und ganz kleine, verwelkte Brombeeren können Sie ebenfalls mitnehmen. Auch einige Hagebutten könnten Sie noch finden. Dazu können die Kinder noch Moos und Rinde sammeln. Achten Sie beim Sammeln darauf, dass Sie nichts von Bäumen abreißen, sondern nur zu Boden gefallene Pflanzenteile einsammeln oder Pflanzen und Pflanzenteile, die abgestorben sind.

Zurück in der Kita können die Kinder ihre Schätze in Schälchen sortieren. Dann kann es losgehen. Jedes Kind sucht sich eine Schachtel aus, füllt sie nach eigenen Ideen und beduftet die kleine Sammlung mit einigen (wenigen) Tropfen Duftöl. Zum Schluss können die Kinder ihre Dosen noch mit Klebesternchen verzieren.

Noch mehr Idee

Sammeln Sie Reste in einer großen Schale oder einem Korb und beduften Sie damit den Gruppenraum oder die Garderobe.

Weihnachts-rezepte

Schlemmen erlaubt: Auf den kommenden Seiten finden Sie einfache, schnelle Rezepte für Plätzchen, Punsch und Schokolade – alles, was an Weihnachten lecker schmeckt und glücklich macht.

Unsere Weihnachtsmarmelade

Eine Geschenk- oder Verkaufsidee mit Duft

ab 4 Jahren

Mmh, lecker: Jetzt kommt Weihnachten aufs Frühstücksbrot. Diese Weihnachtsmarmelade können Sie mit den Kindern selbst einkochen. Die Kinder können gut dabei helfen. Die fertige Marmelade hält sich in sauberen Einmachgläsern luftdicht verschlossen ungefähr ein Jahr. Die Marmelade können die Kinder auch prima auf dem Adventsbasar verkaufen.

Das brauchen Sie

Für etwa acht Gläser à 200 ml:

- **8 Orangen**
- **4 Bio-Orangen**
- **8 Sternanis**
- **1 kg Gelierzucker**
- **Nach Wunsch:**
  Ein haselnussgroßes Stück Ingwer

Die Orangen auspressen und den Saft in einen Topf geben. Die Bio-Orangen heiß abwaschen. Mit einem Zestenreißer oder einer Küchenreibe raspeln die Kinder die äußere Schale ab. Die Schale zum Orangensaft in den Topf geben. Sie selbst übernehmen folgende Aufgabe: Die Bio-Orangen filetieren, indem Sie an den weißen Trennwänden entlang schneiden. Die so gewonnenen Orangenfilets zur Seite legen.
Zum Orangensaft und den Schalenraspeln im Topf geben die Kinder den Gelierzucker und den Sternanis. Während die Masse nun sprudelnd köchelt (mindestens vier Minuten lang), rühren Sie immer wieder um und bereiten die Gläser vor. Kurz vor Ende der Garzeit geben Sie die Filets zu und lassen alles noch einmal zwei Minuten köcheln. Dann die Masse in die Gläser füllen.

Noch mehr Ideen

Schärfer und würziger wird die Marmelade, wenn Sie frischen Ingwer raspeln und mit in die Masse geben. Auch Lebkuchengewürz passt noch gut dazu. Vanilliger wird die Marmelade, wenn Sie eine Vanilleschote längs aufschneiden, das Mark mit in die Masse geben und auch die Schote selbst mitkochen. Vor dem Abfüllen der Gläser können Sie die Schote herausnehmen. Die Anissternchen können in der Marmelade bleiben, denn sie sehen im Glas sehr hübsch aus.

Knusperknäuschen

Weihnachtsplätzchen für die Kleinsten

Diese Kekse dürfen schon die Jüngsten mitknabbern.

Du brauchst

- **1 Süßkartoffel**
- **50 g Apfel- oder Apfel-Bananen-Mus**
- **50 g Rapsöl**
- **50 g Mandelmehl**
- **150 g weiche Butter**
- **Eine halbe Vanilleschote**

Die Süßkartoffel schälen, in etwa walnussgroße Stückchen schneiden und weich kochen. Das Kochwasser wegschütten. Die Süßkartoffel abkühlen lassen. Inzwischen die Vanilleschote aufschneiden und das Mark herauskratzen. Das Vanillemark in eine Schüssel geben und die restlichen Zutaten dazugeben. Alles zu einem Teig verkneten. Den Teig für etwa eine Stunde kühl stellen. Dann herausnehmen und nochmals kneten. Ist der Teig noch zu flüssig, weiteres Mehl oder etwas Mandelmehl dazugeben, bis der Teig nicht mehr klebt

Die Kinder nehmen immer eine kleine Menge Teig in die Hand, formen eine Wurst und drücken sie auf mit Backpapier belegten Blechen leicht flach. Alle so geformten Knusperknäuschen im vorgeheizten Ofen bei 160 °C etwa zehn Minuten backen, dann auskühlen lassen.

Knister-Plätzchen

Etwas andere Weihnachtsplätzchen mit Überraschungseffekt

Kennen Sie die Knisterpartikel, die im Joghurt oder im Mund anfangen zu knacken, zu knistern und zu explodieren? Sie können sie ganz leicht selbst machen. Wie wäre es dazu mit einer Wunderkerze oder einem Feuerwerksbild?

ab 5 Jahren

Das brauchen Sie

- **Brausepulver**
- **Zucker**

Je eine kleine Tasse Zucker und Brausepulver in eine beschichtete Pfanne ohne weitere Zugaben geben. Bei mittlerer Hitze langsam erhitzen und dabei immer wieder langsam umrühren, bis die Masse leicht zäh geworden ist. Achtung: Verwenden Sie hierfür eine beschichtete Pfanne und lassen Sie die Masse nicht zu heiß werden, da sonst alles anbrennt und sich Reste möglicherweise nur schwer wieder aus der Pfanne entfernen lassen. Die Masse dann auf Backpapier gießen und hart werden und erkalten lassen. In kleine Stücke zerbröseln. Im Mund explodieren die Stückchen beim Lutschen.

Sie können die Brösel auch auf Plätzchen streuen, die Sie vorher mit Zuckerguss überziehen, damit die Stücke haften bleiben, und erhalten dann Knister-Plätzchen.

Wichtelpunsch

Eine alkoholfreie Punschidee für die Weihnachtszeit

Das tut gut nach einem langen Winterspaziergang mit den Familien: ein schöner heißer Punsch, der nicht nur gut schmeckt und wärmt, sondern dazu auch noch gesund ist. Nach diesem Rezept können Sie die heiße Köstlichkeit auch ganz schnell zwischendurch zubereiten.

ab 3 Jahren

Das brauchen Sie

- **1 l Früchtetee**
- **0,75 l Apfelsaft**
- **2 Zimtstangen**
- **4 Sternanis**
- **1 Bio-Zitrone und/oder 1 Bio-Orange**
- **Nach Wunsch: 2 bis 5 EL Sirup (Waldbeere)**
- **Rohrzucker**

Den Früchtetee nach Packungsangabe aufbrühen und ziehen lassen. Den fertigen, noch heißen Tee in einen Topf füllen und die Gewürze (Zimt und Anis) dazugeben. Orange/Zitrone heiß abwaschen. Von der Orange und/oder Zitrone die Schale mit einem Zestenreißer oder einer Küchenreibe abraspeln und mit in den Topf geben. Die Früchte auspressen und gemeinsam mit dem Apfelsaft in den Topf geben. Nach Geschmack mit dem Sirup oder Rohrzucker süßen, kurz erwärmen, aber nicht mehr kochen.

Seelentröster aus der Küche

Gewürzschokolade für müde Geister

ab 4 Jahren

Ziemlich lecker, so eine Gewürzschokolade mit gebrannten Mandeln und Zimt. Zu kaufen bekommen Sie das nicht. Die gute Nachricht: Das Selbermachen ist weniger Arbeit als gedacht und die fertige Schokolade eignet sich zum Selbernaschen und auch als kleines Geschenk für die Eltern.

Material

Für etwa 10 Stücke / Tafeln

- **1 kg Kuvertüre oder neutrale Schokolade (hier Vollmilch)**
- **2 Vanilleschoten**
- **3 TL Zimt**
- **1 Tasse gebrannte Mandeln**
- **Speiseöl**

Zum Verpacken:

- **Durchsichtige Geschenkfolie**
- **Geschenkband**
- **Pappe oder Tonkarton**
- **Buntstifte**
- **Locher**

Die Kuvertüre oder Schokolade in Stücke brechen und im Wasserbad langsam schmelzen. Lassen Sie die Schokolade nicht über kochendem Wasser schmelzen, sondern schön langsam über höchstens siedend heißem Wasser. Und: Achten Sie darauf, dass kein Tröpfchen Wasser in die Schokolade gerät, da sie sonst gerinnt.
In der Zwischenzeit können Sie mit den Kindern am besten in einer geeigneten Küchenmaschine die gebrannten Mandeln grob hacken – und natürlich auch probieren. Schneiden Sie für die Kinder die Vanilleschoten mit einem scharfen Messer längs auf. Die Kinder kratzen das Mark heraus und geben es zur Schokolade. Auch den Zimt zur Schokolade geben und gut umrühren, damit sich die Gewürze in der Schokomasse gut verteilen können.
Ein Backblech (bei Bedarf auch mehrere Bleche, ersatzweise eckige Kuchenformen oder Auflaufformen) mit etwas geschmacksneutralem Speiseöl ausfetten. Die Schokomasse vorsichtig bis zu etwa einem halbem Zentimeter Dicke hineingießen. So lässt sich die Schokolade später besser in Stücke brechen. Die Mandeln aufstreuen und die Schokolade über Nacht oder wenigstens einige Stunden im Kühlschrank ganz fest werden lassen.
Nach dem Festwerden die Schokolade in Stücke schneiden oder brechen. Die Stücke in Folie einschlagen und mit Geschenkband umwickeln. Die Kinder können Geschenkanhänger gestalten und mit anknoten.

Tipp

Statt der Vollmilchvariante eignet sich für die Eltern vielleicht auch eine zartbittere, dunkle Schokolade. Hier können Sie mit kandierten Orangenstückchen, Chili und Lebkuchengewürz experimentieren. Oder die Kinder kreieren eine weiße Schokolade mit selbst gemachtem Krokant oder Keksstückchen.

Bärentatzen einmal anders

Ein Rezept vom Nordpol

Diese Bärentatzen können nur von einem Eisbären stammen, denn anders als ihre schweren braunen Verwandten sind diese kleinen Gebäckstücke aus hellem Biskuitteig.

ab 3 Jahren

Das brauchen Sie

(für 24 Bärentatzen)

- **50 g Butter**
- **3 Eier**
- **80 g Zucker**
- **60 g Mehl (und etwas mehr Mehl zum Ausstreuen der Förmchen)**
- **60 g Speisestärke**
- **½ TL Backpulver**
- **Etwas Zitronen- oder Vanillearoma**
- **Etwas Speiseöl**
- **Weiße Kuvertüre oder Puderzucker**
- **Eine Handvoll Mandelstifte**
- **Bärentatzen-Backbleche (ersatzweise Backbleche für Madeleines)**

Die Butter schmelzen und wieder abkühlen lassen. Eier, Butter und Zucker verrühren. Das Mehl gemischt mit der Speisestärke und dem Backpulver untersieben. Etwas Zitronen- oder Vanillearoma dazugeben und alles verrühren. Den Ofen auf 200 °C vorheizen. Die Kinder pinseln die Vertiefungen im Backblech mit Öl ein und bestäuben sie mit ein wenig Mehl. Den Teig mit zwei Esslöffeln in die Vertiefungen verteilen. Die Bärentatzen zwölf Minuten goldbraun backen, abkühlen lassen und aus dem Blech lösen. Nach Wunsch das Gebäck nun mit weißer Kuvertüre überziehen oder mit Puderzucker bestäuben. Als Krallen in jede Tatze fünf Mandelstifte einstecken.

Ruhe und Erholung

Stille Nacht? Von wegen: Gerade kurz vor Weihnachten ist es in der Kita und auch zu Hause oft besonders trubelig. Dann tun allen diese Ruhe-Ideen gut. Testen Sie doch mal die Schneekugel-Atmung oder meditieren Sie mit den Kindern bei Kerzenschein zur Mini-Meditation „Kleine Kerze".

Wenn die Wichtel schlafen gehen

Eine Mini-Klanggeschichte zum Ruhigwerden in Reimform

Diese Klanggeschichte können Sie mit Licht und mit Klang umsetzen. Das sieht schön aus und hört sich auch schön an. Vielleicht dürfen sich die Kinder aussuchen, ob sie ein Klanginstrument spielen oder ein Lichtchen bedienen möchten. Auch als Vorführung ist das kleine Gedicht geeignet. Im Gruppenalltag und ohne Zuschauer können Sie es zum Schluss ganz leise flüstern, um die Ruhe zu unterstreichen.

ab 3 Jahren

Das brauchen Sie

- **Lichtchen (etwa LED-Lichter oder Taschenlampen) und Klanginstrumente nach Idee und Wunsch der Kinder**

Wenn die Wichtel schlafen gehen,
kannst du ihre Laternen sehen.

Lichtchen anstellen, Klanginstrumente erklingen

Sie leuchten aus Wurzeln von Bäumen hervor,
dann dringt ihr Singen an dein Ohr.

Lichtchen an- und ausknipsen, die Klanginstrumente bespielen

Doch wenn es später wird in der Nacht,
erlöschen die Lichter sanft und sacht.

die Klanginstrumente werden leiser, die Lichtchen angeknipst lassen

Erst eins, dann zwei, dann drei, dann vier,
sie schließen ab die Wichtelhaustür.

die Instrumente werden leiser und leiser

Dann wird es dunkel und ruhig im Wald,
die Wichtel schlummern, die Nacht wird kalt.

flüstern, die Lichtchen ausstellen, die Klanginstrumente verstummen nun ganz

Als der Nikolaus endlich schlafen wollte

Eine Entspannungsgeschichte zum Mitfühlen

ab 4 Jahren

Eine lustige kleine und ganz ruhige Geschichte zum Mitfühlen und Mitschmunzeln begleitet die Kinder hier in die Ruhe.

Der Nikolaus war supermüde, denn er hatte viel zu tun gehabt. Er konnte kaum noch seine Arme und Beine heben.
Er schlurfte zu seinem Bett und legte sich hin. Da war es gemütlich und warm und weich. Ach, wie herrlich! Der Nikolaus seufzte zufrieden und machte die Augen zu. Jetzt würde er endlich ein kleines Schläfchen halten können.
Da piepste eine ganz kleine Stimme direkt neben seinem Ohr: „Hör mal, Nikolaus, das ist aber nicht nett. Du hast mir gar kein Geschenk gebracht!"
Der Nikolaus richtete sich müde auf und zog seine Brille an. Vor ihm auf dem Kopfkissen saß die kleine Maus Marie, die im Nikolaushaus wohnte. Und die hatte er wirklich ganz vergessen.
„Ach, das tut mir aber leid!", sagte der Nikolaus. Er stand auf und nahm ein Plätzchen aus seinem Sack, das er der kleinen Maus gab. Die Maus bedankte sich und begann, an ihrem Plätzchen zu knabbern, aber das hörte der Nikolaus schon gar nicht mehr, denn er war schon längst eingeschlafen, als es plötzlich an der Tür klopfte.
„Halloho! Haaaallo!", rief es von draußen.
Der Nikolaus kämpfte sich wieder aus dem Bett, tastete nach seiner Brille, zündete eine Kerze an, damit Licht im Haus war, und tappte barfuß zur Haustür. Tatsächlich, da stand der Wichtel Pit.
„Sag mal, Nikolaus, du schläfst doch nicht etwa schon? Du hast mich nämlich vergessen!"
„Dich auch?!" Das war dem Nikolaus wirklich unangenehm. Er ging zu seinem Sack und zog eine Orange und ein paar Nüsse für Pit heraus.
Und dann legte er sich endlich, endlich wieder zurück in sein warmes, weiches, gemütliches …
Kawumm! Irgendetwas krachte ganz fürchterlich. Der Nikolaus richtete sich wieder auf, zog seine Brille wieder an und staunte: Aus einer Wolke aus Ruß und Staub, die aus dem Kamin kam, richtete sich eine Gestalt auf.
„Na, das ist ja nicht sehr nett. Hallöchen, ihr alle, ich dachte, ich frag mal, ob du mich vielleicht vergessen hast?"
Die Hexe Hilde, voller Schmutz und Ruß, stapfte ans Nikolausbett und stemmte die Arme in die Seite. Die Maus und der Wichtel waren auch noch da, stellte der Nikolaus mit einem schnellen Blick fest.
„Du siehst", sagte die Hexe und hustete wegen des ganzen Staubs, „aber nicht sehr fit aus. Warte mal, das haben wir gleich: Dumdideldei, ein Teechen herbei!"
Und schwupps, stand eine heiße leckere Tasse Tee auf dem Tisch, und eins, zwei, drei erschienen noch zwei Käsebrote und einige Schokokringel. Das sah so lecker aus!
Der Nikolaus, die Hexe, der Wichtel und die Maus machten sich über die Leckereien her und schwatzten und lachten noch bis tief in die Nacht. Der Nikolaus schenkte der Hexe einen Weckmann und dann … dann durfte der Nikolaus endlich sein Schläfchen halten.

Schneekugel-Atmung

Eine Atemübung, um zur Ruhe zu kommen

Atemübungen wirken! Das hat damit zu tun, dass wir mit dem Atem auch unser Körperbefinden lenken können. In Stresssituationen atmen wir, ohne es zu bemerken, häufig flacher und schneller. Eine Minute, um sich auf tiefe Atmung zu konzentrieren, kann deshalb Wunder wirken. Für die Kinder veranschaulichen Sie das mit einer Schneekugel, die eigentlich gar keine ist.

ab 4 Jahren

Das brauchen Sie

- **Wattebäusche**
- **Nach Wunsch CD-Spieler mit Entspannungsmusik**
- **Matten oder Matratzen**

Die Kinder legen sich auf dem Rücken auf die Matten oder Matratzen. Schalten Sie nach Wunsch die Entspannungsmusik ein. Legen Sie jedem Kind einen Wattebausch als Schneekugel auf den Bauch. Jetzt geht es los: Bitten Sie die Kinder, ganz tief und langsam einzuatmen. Beim Einatmen wölbt sich die Bauchdecke weit nach oben. Wer schafft es, dass seine Schneekugel nicht herunterpurzelt?
Dann atmen Sie gemeinsam lange und langsam aus. Auch hier: Wer kann seine Schneekugel auf dem Bauch, der sich jetzt nach innen zieht, halten?
Wiederholen Sie die Atmung einige Male. Versuchen Sie, die Atemzüge zu verlängern, etwa von zuerst drei Sekunden auf bis zu fünf Sekunden.

Tipp

Kinder atmen schneller als Erwachsene und haben meist auch einen höheren Puls, was normal und entwicklungsbedingt ist. Wenn Sie die Fünf-Sekunden-Atmung schaffen, ist das schon richtig toll!

Pssst, ganz leise!

Eine leise Klangreise in die Weihnachtswelt

ab 4 Jahren

Dieses Klanggedicht können Sie einfach nur ganz, ganz leise mit den Kindern als Lied zur Melodie von „Funkel, funkel, kleiner Stern" singen oder Sie singen es und untermalen es gleichzeitig mit leiser Musik oder leisem Klang. In jeder Form ist es als musikalische Einlage auf dem Weihnachtsfest geeignet.

Material

- **Erste Strophe: Triangel und / oder Glöckchen, Zimbeln oder Schellen**
- **Zweite Strophe: Klangstäbe und / oder Holzblöcke**
- **Dritte Strophe: Trommeln und / oder Pauken**
- **Vierte Strophe: Rasseln und / oder Guiros**
- **Fünfte Strophe: Rainmaker**

Singen Sie den Kindern die erste Strophe doch einfach ganz leise vor und klingeln Sie zur dritten Zeile leise mit einem Glöckchen. In der zweiten Strophe können die Kinder vielleicht schon ein bisschen mitsingen. Fragen Sie vor dem Beginn weiterer Strophen die Kinder, welche Instrumente vielleicht eine eigene Strophe bekommen könnten. Wie sich der Klang anhört, den sie machen: rascheln, zischen, rauschen, klingen, wummern sie? Wie könnte das ins Lied passen? In der letzten Strophe erklingen alle ausgesuchten Instrumente einmal gemeinsam und laut.

Psst, ganz leise, seid mal still,
weil jeder etwas hören will.
Irgendwo, da klingt es leis',
da klingt es über Schnee und Eis.
Weihnachten ist nicht mehr weit,
es freu'n sich alle weit und breit.

Psst, ganz leise, seid mal still,
weil jeder etwas hören will.
Irgendwo, da klopft es leis',
da klopft es über Schnee und Eis.
…

Mögliche weitere Strophen unter anderem:
… Irgendwo, da trommelt's leis',
… Irgendwo, da raschelt's leis',
… Irgendwo da rauscht es leis',

Letzte Strophe:
Und jetzt ganz laut, mit Lärm und Spaß,
jeder hört jetzt sicher was!
Überall, da ist Musik,
da tanzen alle Kinder mit.
Weihnachten ist nicht mehr weit,
es freu'n sich alle weit und breit.

Kleine Kerze

Ein Liedchen mit Meditation

ab 3 Jahren

Eine Kerze anzuzünden kann ein ganz besonderer Moment sein. Beginnen Sie damit diese kleine Ruhepause, in der Sie mit den Kindern einfach einmal ganz genau den Kerzenschein wahrnehmen. Für diese kleine Kerzenmeditation sollten Sie darum auch eine echte Kerze oder ein Teelicht (kein LED- oder batteriebetriebenes künstliches Licht) verwenden. Beachten Sie dabei aber die Brandschutzrichtlinien Ihrer Kita.

Das brauchen Sie

- **Kerze mit Kerzenhalter oder Teelicht**
- **Feuerzeug**

Zur Melodie von „Bruder Jakob" singen Sie das folgende kleine Lied:

Kleine Kerze,
kleine Kerze,
schenk uns Licht,
Zuversicht.
Kleine Flamme brenne,
kleine Flamme brenne,
hell und schön,
anzuseh'n.

Nun dürfen die Kinder, jedes für sich und in Ruhe, die kleine Kerzenflamme betrachten und ihr besonderes Licht wahrnehmen. Falls es den Kindern schwerfällt, ruhig und entspannt zu bleiben, können Sie ihre Aufmerksamkeit fokussieren und lenken, etwa indem Sie Fragen stellen:

- „Ist die Flamme ruhig oder unruhig?"
- „Wo ist die Flamme am hellsten? Wo am dunkelsten?"
- „Welche Farben erkennt ihr in der Flamme?"

(Die Kerzenflamme ist meist rund um den Docht am hellsten, dunkel ist sie ganz unten. Die heißesten Stellen sind jene, an denen die Flamme weiß oder sogar hellblau-weißlich ist. Das ist bei Sternen übrigens ähnlich: Weiße und hellblau-weiße Sterne sind viel heißer als ihre gelben, orangefarbenen oder roten Verwandten.)

Zum Abschluss löschen Sie die Kerze (oder die Kinder pusten sie aus) mit diesem Lied:

Kleine Kerze,
kleine Kerze,
Zeit zu geh'n,
auf Wiederseh'n.
Danke für dein Lichtchen,
danke für die Wärme.
Hell und schön,
auf Wiederseh'n.

Weihnachten unter der Lupe

Der Name Weihnachten ist im Deutschen – verglichen mit den Namen, die dieses Fest in anderen Ländern und Sprachen hat (französisch Noèl, spanisch Navidad, englisch Christmas) – eine Ausnahme: Er bezieht sich auf die besonderen, die geweihten Nächte rund um die Zeit Ende Dezember. Die Christen feiern am Abend des 24.12. die Geburt von Jesus, aber schon unsere Vorfahren in uralter Zeit sprachen den Nächten um diesen Termin herum eine besondere Bedeutung zu. Denn ab etwa dem 20. bis 22.12. werden die Nächte wieder kürzer. Zu allen Zeiten und in vielen Kulturen und Religionen wird dann auf die eine oder andere Weise die Wiederkehr von Sonne und Licht gefeiert.